C Programmieren lernen für Einsteiger

In einfachen Schritten zum Programmier-Experten

Der leicht verständliche und praxisnahe Leitfaden zum professionellen Programmieren im Handumdrehen

INHALT

1. Prolog

Dieses Buch ist geeignet für jeden, der Wert auf einen fundierten Einstieg in die prozedurale Programmierung mit C legt. Von der Planung eines komplexen, prozeduralen Programms über die Festlegung von Datentypen und Pointern bis hin zur Umsetzung in einen C-Quellcode bietet dieser Ratgeber nicht nur eine erste Begegnung mit C, sondern zugleich einen tiefen Gesamteindruck über die prozedurale Programmierung.

Somit fällt Ihnen nach intensivem Durchforsten dieses Buches der Einstieg in andere prozedurale Programmiersprachen, wie z. B. Python 3.0, auch nicht mehr so schwer. Sie schaffen es innerhalb von wenigen Stunden, wenn Sie etwas langsamer lesen, lassen Sie sich ein paar Tage Zeit, zu einem Evolutionssprung in Sachen Programmierung und Anwendung in diesem Bereich. Sie werden es nicht bereuen.

Dieses Buch ist ein Buch mit zahlreichen Übungen. Jeder Code-Teil fängt mit einer Erklärung an. Anschließend erfolgt eine Erläuterung der Anatomie des Codes sowie eine Aufzählung der verschiedenen Eigenschaften. Anhand eines Beispiels wird dies dann veranschaulicht. Beendet wird es schließlich mit einer Übung, die Sie selbst lösen müssen.

Hierfür benötigen Sie einen Rechner mit Internetverbindung und einem Browser. Ich empfehle Ihnen den Browser von Google, da Sie mit diesem auch Zugriff auf den Quellcode von Webseiten haben. Außerdem benötigen Sie einen Text-Editor. Sie können hier gerne den Text-Editor verwenden, der ohnehin schon auf Ihrem Computer vorinstalliert ist. Dieser ist in der Regel ein einfacher Editor, der farblos und für längere Codes nicht so geeignet ist. Es eignet sich aber auch Notepad++ o. Ä. und außerdem ebenfalls CodeBlocks oder µVision ☺ Ich arbeite gerne mit dem kostenlosen Editor von CodeBlocks. Der Grund, warum ich gerne

CodeBlocks nutze, ist, dass das Programm sehr schnell und flüssig läuft und der Code sehr übersichtlich dargestellt wird. Wenn man die richtigen Packages installiert, wird der Code in Farbe dargestellt und das Programm zeigt auch sofort an, wenn Konventionen nicht eingehalten werden oder es Probleme mit dem Code gibt. Es gibt über 8.000 Packages, die Ihnen beim Kodieren helfen!

Viel Spaß beim Lesen! 😊

2. Einführung in die Programmierung

In der Informationstechnologie unterscheidet man zwei grundsätzliche Arten der Programmiersprachen: prozedurale und objektorientierte Sprachen.

Wo liegt hier der wesentliche Unterschied? Wo kann man eigentlich, wie in der Schule früher (Stichwort: Lego Mindstorms), direkt los programmieren? In welchen Sprachen sollte man zunächst eine detaillierte Situationsanalyse anfertigen? Welche Formen der Analyse gibt es eigentlich? Wie können Sie diese umsetzen? Welche Tools gibt es dort?

In diesem Kapitel werde ich Ihnen auch anhand eines bewährten Vorgehensmodells zeigen, wie Sie sich für Ihr objektbasiertes IT-Projekt vorbereiten. Welche IT-Systeme gibt es? Wie führe ich mein Team mit geeigneten IT-Projektmanagement-Methoden? Lehnen Sie sich entspannt zurück und genießen Sie eine Einführung in die UML-Modellierung.

2.1 PROZEDURALES PROGRAMMIEREN

Ja, was ist denn das nun? Haben Sie einmal überlegt, wie man Daten geschickt sortiert? Wie man eine Primfaktorzerlegung durchführt? Oder wie man einen Algorithmus für einen Notbremsassistenten umsetzt? Was haben all diese Dinge gemein?

Sie haben gemeinsam, dass die Mathematik im Vordergrund steht. Ihnen liegt die gleiche Vorgehensstrategie zugrunde: ein Algorithmus basierend auf Variablen, nicht aber auf der Verknüpfung von Objekten. Ein konstanter Zeitschlitz zwischen zwei Sensorwerten ist kein Objekt der Klasse Auto. Aber was das ist, lernen Sie in Kapitel 2.2 ff.

Doch verbleiben wir erst einmal noch bei der prozeduralen Programmierung. Auch diese liegt der objektorientierten Programmierung zugrunde. Warum? Naja, auch auf einer Webseite können Dinge berechnet werden. Stellen Sie sich vor, Ihr Content-Management-System bearbeitet Bestellungen selbst und erstellt Rechnungen mit fortlaufender Rechnungsnummer, bei gleichzeitiger Beachtung einer Verschnittminimierung Ihres Werkzeugs/Produkts völlig automatisiert!

Ein Traum. Nicht nur für Sie als Chef und Ihren Geldbeutel, sondern auch für den Zeitaufwand und die Pünktlichkeit Ihres Unternehmens – und damit ebenfalls für die Produktqualität und die Innovationsfähigkeit Ihres Unternehmens. Dies gelingt Ihnen mit PHP. Ähnlich funktioniert C.

```
#include <stdio.h>

#include <stdlib.h>


/* Funktionen fuer Berechnungen */

int addiere(int, int);

int subtrahiere(int zahl1, int zahl2);

int multipliziere(int zahl1, int zahl2);

float dividiere(float zahl1, int zahl2);


//Konsolen Ein- und ausgaben

void druckeDialog() ;

void druckeErgebnis(float ergebnis);

float eingabeZahl();


//Hauptprogramm
```

```
fuehreTaschenrechnerAus();

int main()
{

   fuehreTaschenrechnerAus();

   return 0;
}

int addiere(int zahl1, int zahl2) {

   int res = zahl1 + zahl2;

   return res;

   int alternativRes = zahl1 * zahl1 + zahl2;

   return alternativRes;

}

int subtrahiere(int zahl1, int zahl2) {

   int res = zahl1 - zahl2;

   return res;

}

int multipliziere(int zahl1, int zahl2) {
   int res = zahl1 * zahl2;
```

```
  return res;
}

float dividiere(float zahl1, int zahl2) {

  float res = zahl1 / zahl2;
  return res;
}

void druckeDialog() {

  printf("Waehlen Sie eine Funktion!\n");
  printf("(1) Addition\n");
  printf("(2) Subtraktion\n");
  printf("(3) Multiplikation\n");
  printf("(4) Division\n");

}

float eingabeZahl() {

  float zahl;
  printf("Zahl eingeben:\n");
  scanf("%f", &zahl);
  return zahl;

}
```

```
void druckeErgebnis(float ergebnis) {

   printf("Ergebnis lautet: %f\n", ergebnis);

}

fuehreTaschenrechnerAus() {

   druckeDialog();

   int auswahl;
   scanf("%d", &auswahl);
   float a = eingabeZahl();
   float b = eingabeZahl();

   float res;

   switch (auswahl){

   case 1:{
      res = addiere(a, b);
      break;
   }

   case 2:{

      res = subtrahiere(a,b);
      break;
```

```
  }

  case 3:{

    res = multipliziere(a,b);

    break;

  }

  case 4:{

    res = dividiere(a,b);

    break;

  }

  default:

    printf("Das ist keine gueltige Option\n");

    break;

  }

  druckeErgebnis(res);

}
```

Ich habe hier für Sie einmal einen Taschenrechner in C programmiert. C ist genau das Statussymbol einer prozeduralen Sprache, welches hier als Komplementär für die objektorientierten Sprachen steht. Was fällt auf? Finden Sie Objekte? Nein! Variablen spielen hier die entscheidende Rolle. Denn ohne Variablen, deren Werte manipuliert werden können, gäbe es keine Funktionen, in denen gerechnet wird. Sie sehen also: Eine prozedurale Programmiersprache wie C ist gelebte Mathematik!

2.2 OBJEKTE, KLASSEN UND ATTRIBUTE

Fern von stumpfer Mathematik, die Sie selbstverständlich mit einer prozeduralen Programmiersprache umsetzen können, behandelt die objektorientierte Programmierung komplexe Lösungen mit IT-Systemen, die Kundenwünsche (sollten Sie in einem Unternehmen tätig sein) oder Ihre eigenen Ansprüche mit objektbasierten Methoden umsetzen.

Was ist also ein Objekt? Stellen Sie sich vor, jemand beauftragt Sie mit der Bitte, ihm eine Software zu generieren, die seine Daten verwaltet. Nach welchen Kriterien werden die Daten verwaltet? In welche Gruppierungen werden die Daten einsortiert? Haben einige Daten Eigenschaften, die andere Daten auch aufweisen? Und kann man Gruppierungen von Daten noch weiter eingruppieren?

Wir stellen erste Untersuchungen an. Im ersten Schritt entwickeln wir eine Menüstruktur für eine Webseite eines Kunden, der in der Metallindustrie tätig ist und ein Content-Management-System braucht, um seine Bestellungen zu verwalten. Wir schauen hierbei nur auf den offenen und nicht passwortgeschützten Bereich seiner Webseite, um noch von Rechten abzusehen. Wie könnte so ein Menübaum aussehen? Ein Vorschlag:

Der offene Bereich steht als Objekt über den Seiten, die sich erst nach einem Klick auf „Offener Bereich" öffnen, wie zum Beispiel das Impressum, die Hilfe-Funktion und die Datenschutz-Vereinbarungen.

Demnach:

- Offener Bereich
  - o Hilfe
  - o Vision des Unternehmens
  - o News
  - o Impressum
  - o Datenschutz
  - o Kontakt

Die Objekte Hilfe, Vision des Unternehmens, News, Impressum, Datenschutz und Kontakt sind hiermit also etwas wie „untergeordnete Objekte“ des Objekts „Offener Bereich“. Sie merken, dass ich mit meiner Nomenklatur am Ende bin. Es wird also Zeit, ein paar Begriffe einzuführen. In dieser Menüstruktur ist die Hilfe ein Objekt der Klasse „Offener Bereich“ usw.

Wir haben nun Klassen. Diese Klassen können Objekte beinhalten. Möchten Sie in Ihrem späteren Programm jedoch zwischen den Funktionalitäten der nun als Objekt eingestuften Menüpunkte abgrenzen, so können detailreiche Objekte auch Klassen sein. Sie fragen sich nun, ob die Hilfe jetzt nicht auf gleicher Ebene wie die Oberklasse steht? Nein. Das Stichwort lautet Vererbung und dazu geht es jetzt noch einmal in die Tiefe. Wir reden also nun über das sog. statische Klassenmodell.

2.2.1 Das statische Klassenmodell

Objekte repräsentieren eine Entität. Hierzu zählen die Instanzen einer Klasse, die Merkmale eines Objekts, die Identität, der Zustand und das Verhalten eines Objektes. Eine Klasse beschreibt eine Gruppe von Objekten ähnlicher Eigenschaften:

- Aussagekräftiger Klassenname
- Sollte die Abstraktion optimal ausdrücken
- Klassen besitzen Attribute und Operationen

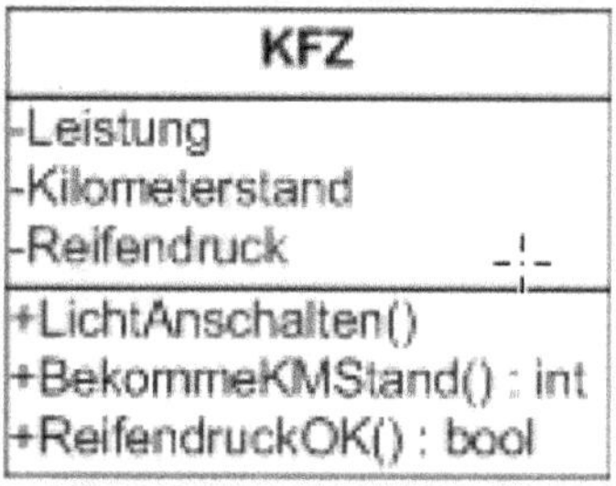

Abbildung 1: Klasse KFZ

So enthält die Klasse KFZ die Attribute Leistung, Kilometerstand und Reifendruck. Im unteren Bereich der Klasse sind die sog. Operationen. Was ist das denn jetzt? Sie verwenden in Ihrem späteren JavaScript Funktionen, die Zugriff auf die Klasse KFZ haben. Ihre Software überprüft in diesem Fall (Abbildung 1) den Reifendruck, schaltet das Licht an und Sie als Fahrzeugführer bekommen den Kilometerstand angezeigt.

Das Plus bei Attributen bedeutet public, das Attribut kann also ohne Sonderrechte genutzt werden. Ein Minus bedeutet private, hier benötigt man z. B. Administratorrechte, um dieses Attribut ausführen zu können. In der Klasse KFZ ist dies der Fall. So muss zur Ausführung z. B. der Zündschlüssel stecken.

Und jetzt sind da noch Operationen, Klammern und Datentypen? Wofür das? Das statische Klassenmodell stellt für den, der nachher das JavaScript schreibt, eine Art Kochrezept dar, anhand dessen er nachvollziehen soll, welche Operationen welchen Datentyp haben oder welche rein eine Funktionalität erfüllen sollen.

Der Kilometerstand wird also als Integer angezeigt, nicht als Fließkommazahl. Der Reifendruck hingegen kann nur wahr oder falsch sein.

Das ist die Bedeutung einer sog. Bool´schen Variablen. Naja, und das Licht wird eben einfach eingeschaltet. Einfach, oder?
Wir werden die Komplexität eines statischen Klassenmodells nun weiter erhöhen.

Operationen, auch Methoden, Services oder Funktionen genannt, sind die ausführbare Tätigkeit eines generierten Objekts. Unterschieden werden:

- Objektoperation
- Konstruktoroperation
- Klassenoperation
- Datenkapselung analog zu den Attributen

Eine Konstruktoroperation können Sie in Ihrer Programmierung verwenden, wenn Ihre Operation eine neue Klasse hervorruft. Stellen Sie sich vor, Ihr Bestellungssystem erstellt für Kunden automatisch Bestellbestätigungen. Der Operator „Bestellbestätigung_erstellen()" gilt in diesem Fall als Default-Konstruktor und erzeugt eine neue Klasse mit eigenen Attributen und möglichweise auch nochmals eigenen Operationen, wie z. B. Bestellbestätigung_löschen() oder Speichern().

Haben Sie verstanden, wie die Sache läuft? Dann kommen wir nun zu weiteren Eigenschaften des statischen Klassenmodells. Sie möchten jetzt aus einem Kundengespräch erfahren, welche Klassen, Attribute und Operationen Sie benötigen, um die Kundenwünsche geeignet mit einer Software wie JavaScript umzusetzen. Hierzu eignet sich die sog. Use-Case-Analyse.

Die Definition des Objekts ist immer vom betrachteten Kontext abhängig. Eine Use-Case-Analyse bildet die Grundlage zur Definition eines Kundenobjekts. Hierbei gibt es einige Faustregeln zu beachten:

- Nomen sind Kandidaten für Klassen
- Verben sind eher Kandidaten für Operationen
- Schrittweises Vorgehen
- Gewissenhafte Klassifizierung

Ein Beispiel, das sich hier gut anschließt, ist ein Verwaltungssystem eines Stahlherstellers, der einen Überblick über seine Materialien, Coils und Lagerware haben möchte. Gleichzeitig sollen Bestellungen getätigt können und Aufträge erstellt werden, falls der Kundenwunsch nicht vorrätig ist. Mit den gelernten Faustregeln können Sie sog. User-Stories aufstellen. Im Folgenden ein Beispiel für eine User Story-Line.

Stellen Sie sicher, welche Intention der Kunde hat:

- Plattform zur Information über die Möglichkeiten, Daten zu visualisieren.
- Rollenverteilung
- Internetuser können das System ohne Anmeldung benutzen.

Und nun beginnt die Arbeit!

User Story: Anmeldung
Redakteure sollen sich anmelden können am System und auch abmelden können.

DB-Administratoren sollen sich ebenfalls an- und abmelden können.

User Story: Materialbestellung
Auswahl zwischen ganzen Coils und zwischen Streifen. Es werden dazu die Bestellbreite, die Materialklasse, die Materialdicke, die Anzahl, der Lieferterminwunsch und der Kunde angegeben. Dabei werden die Bestellregeln eingehalten. Der Datensatz wird in die Datenbank geschrieben und Streifen werden verteilt bzw. es werden neue Coils produziert.

User Story: Materialbelegung
Welche Aufträge liegen auf welchem Coil? Zu einem Auftrag werden alle Coils angezeigt, die etwas mit dem Auftrag zu tun haben.

User Story: Regeln
Regeln in einer Tabelle hinterlegen, die für die Bestellung gelten. Mindestbestellbreite von 100 mm.

Ein Coil hat die Mindestbreite von 1000 mm und die maximale Breite von 1700 mm.

Dickenraster für die Bestellung ist in 0,1 mm Schritten. Min. Dicke ist 0,5 mm, max. Dicke ist 1,5 mm.

- Zulässige Dickensprünge in der Produktion <= 0,3 mm
- Zulässige Breitensprünge < 125 mm

Die Verwaltung der Regeln geschieht durch den DB-Admin.

User Story: Erstellen oder bearbeiten eines Beitrags
Redakteure können Beiträge neu erstellen oder vorhandene Beiträge bearbeiten. Sie können das Erscheinungsbild und die Menüstruktur nicht verändern.

User Story: Anlegen der Themenbereiche
Es sollen zentrale Themenbereiche wie Materialeigenschaften, Produkte und Produktionsverfahren eingerichtet werden und auch mit einem rudimentären Content versehen werden (Content kann der Kunde zur Verfügung stellen, Aufbereitung erfolgt durch das Team).

User Story: Reihenfolgebildung
Es sollen die an der Anlage zu produzierenden Materialien visualisiert werden und es soll eine Reihenfolgebildung möglich sein. Dabei sollen Regeln eingehalten werden und die Regeln sollen visualisiert werden.

Puh, ganz schön viel Papierkram, wenn Sie diese User-Stories bis zur Quellcode-Erstellung mitschleppen. Aber keine Sorge, dafür gibt es schließlich die besagten Modellierungswerkzeuge wie UML (Unified Modeling Language).

Ihre Aufgabe ist es nun, aus der vorgegebenen User Story-Line ein sog. Use-Case-Diagramm zu entwickeln, eine Visualisierung dessen, was wir oben festgehalten haben. Keine Bange, ich helfe Ihnen:

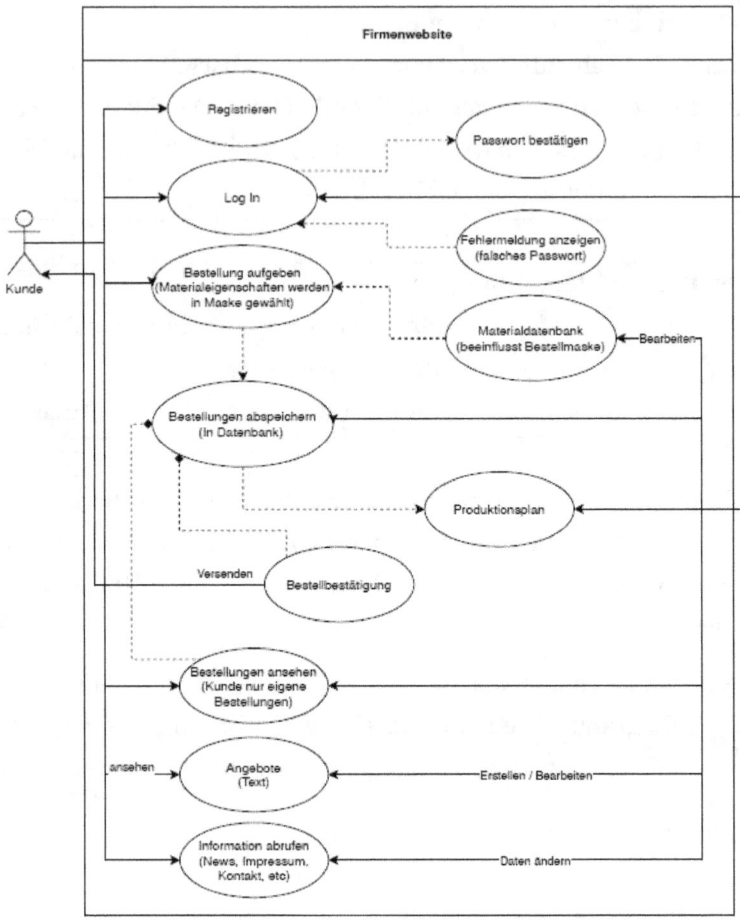

Abbildung 2: Use-Case-Diagramm

Sehen Sie, war doch gar nicht so schwer. Was habe ich gemacht? Erkläre ich Ihnen …

… Nomen wurden zu den „Blasen", Verben hingegen zu den Pfeilen. Und so ähnlich läuft es auch weiter, wenn wir uns auf das hieraus zu entwickelnde Klassenmodell stürzen. Was neu hinzukommt, sind die Beziehungen zwischen den Klassen. Es geht wie angekündigt um das Thema Vererbung, aber schauen wir zunächst auf das statische Klassenmodell.

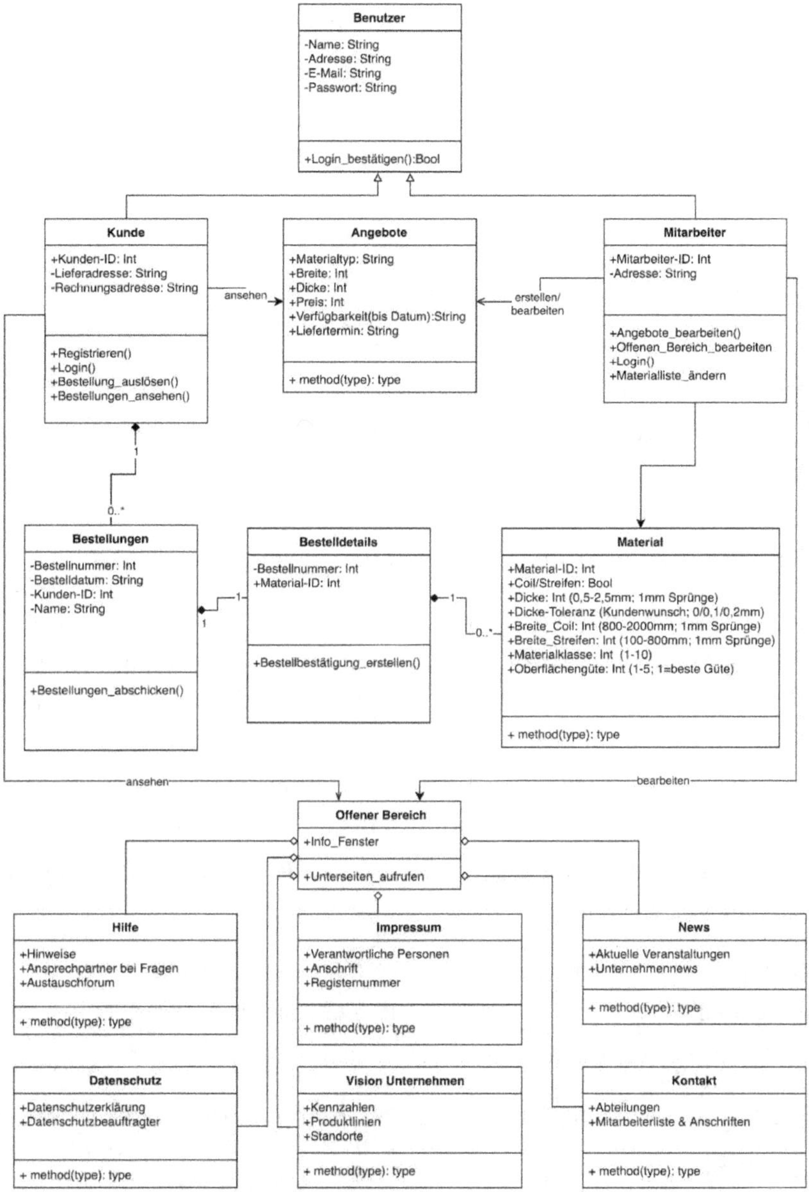

Abbildung 3: Statisches Klassenmodell

Im unteren Bereich des Klassenmodells ist exakt die Thematik zu finden, die wir uns zu Beginn unserer Überlegungen angeschaut haben: Eine Menüstruktur für die Webseite jenes Verwaltungssystems. Die unteren Klassen vererben ihre Attribute an den offenen Bereich.

Wer keinen Zugriff auf den offenen Bereich hat (ich weiß, das ist ein schlechtes Beispiel, wir haben ja schließlich public vorgesehen), kann folglich auch nicht auf die Vision des Unternehmens etc. zugreifen.

Im unteren Teil wird also vererbt. Das machen diese Pfeile mit der weißen Raute da. Sie können aber auch andere Interaktionen zwischen Klassen einbauen und später auch programmieren. Aktionen zeigen, inwiefern eine Klasse auf die andere zugreifen kann. So kann sich die Klasse Kunde Angebote anschauen. Ein Mitarbeiter hingegen kann diese aber auch bearbeiten und erstellen. Was gibt es noch?

Sie sollten auf Beziehungen zwischen Klassen achten, und zwar nicht im Sinne der Vererbung, sondern im Sinne von Entitäten. Haben Sie schon einmal vom Entity Relationship Model gehört? Ganz einfach: Sie gehen her und schreiben Zahlen an die Assoziationslinien zwischen den Klassen. Was für Zahlen? Keine Panik! Eine Bestellung (1) hat genau einmal Bestelldetails (1), welche sich jedoch aus verschiedenen Materialien (0..*) zusammensetzen können. Verstanden? Einfacher konnte ich es kaum ausdrücken.

Ja, Informatik und gerade die objektorientierte Programmierung ist manchmal recht tricky. Aber wir haben ja Knowhow erlangt, also fasse ich die Entitäten noch einmal für Sie zusammen:

- 1-1: Direktbeziehung, ein Element aus Klasse x löst genau ein Ereignis in Klasse y aus
- 0..*: Kein bis unendlich viele Ereignisse werden meist von nur einer Klasse erzeugt

Mit diesem Workload geht es nun in die Schlussfassung dieses Teilkapitels. Was haben wir gelernt? Sie beherrschen nun das Erkennen von Klassen, Attributen und Operationen. Sie wissen, wie Sie eine Klasse aufstellen und niederschreiben. Wissen Sie auch, womit? Ich empfehle https://app.diagrams.net/ . Hier können Sie getrost ausprobieren, wie man mit der (und jetzt kommen wir zum Schluss) Vererbung, den Assoziationen und Entitäten umzugehen hat...

... Ach, ich habe noch etwas vergessen. Wir haben das wichtigste Instrument kennengelernt, mit dem wir unseren Kunden miteinbeziehen: die User Stories. Diese können wir dann mit einem Use-Case-Diagramm modellieren, um möglichst easy zu einem statischen Klassenmodell zu gelangen.

2.3 VORGEHENSMODELLE

In der Produktentwicklung gibt es eine Handvoll Vorgehensmodelle. Je nach Branche haben sich unterschiedliche Vorgehensmodelle etabliert. Im Automobilbereich setzt man z. B. auf das Prinzip des Wasserfallmodells, welches modernerweise in das V-Modell mündet.

Gerade im IT-Bereich verwendet man häufig das sog. agile Projektmanagement. Ich stelle Ihnen an dieser Stelle die wesentlichen Merkmale der genannten Vorgehensweisen vor.

2.3.1 Das Wasserfallmodell

Das Wasserfallmodell ist ein sog. lineares Vorgehensmodell, welches seine Entwicklungsprozesse durch Projektphasen differenziert. Im Gegensatz zu iterativ inkrementellen Modellen wird jede Phase nur einmal durchlaufen und nicht abgeglichen.

Die Ergebnisse einer jeden Vorgängerphase gehen nämlich als Präpositionen in die darauffolgende Phase ein. Zur Anwendung kommt das

Wasserfallmodell insbesondere in der Software-Entwicklung, heutzutage hält vor allem die Automobilindustrie stark am Wasserfallmodell fest. Die Entwicklung des linearen Wasserfallmodells wird dem Computerwissenschaftler Winston W. Royce zugeschrieben. Als Alternative stellt Royce ein iterativ inkrementelles Modell vor. Dort greift jede Phase auf die vorhergehende zurück und verifiziert deren Ergebnisse. Es findet somit ein Abgleich statt. W. Royce schlägt mit seinem linearen Wasserfallmodell ein Modell mit sieben Phasen vor, welches in mehrere Iterationen (das bedeutet Durchläufe) unterteilt wird:

- **Systemanforderungen**
- **Software-Anforderungen**
- **Analyse**
- **Design**
- **Implementierung**
- **Test**
- **Betrieb**

In der Praxis werden verschiedene Versionen des Wasserfallmodells verwendet. Gängig sind Modelle, deren Entwicklungsprozess in fünf Phasen unterteilt wird. Die oben definierten Phasen 1, 2 und 3 werden als Anforderungsanalyse in einer Projektphase, der „Analyse“, zusammengefasst.

- **Analyse:** Planung, Anforderungsanalyse und -spezifikation
- **Design:** Systemdesign und -spezifikation
- **Implementierung:** Programmierung und Modultests
- **Test:** Systemintegration, System- und Integrationstests
- **Betrieb:** Auslieferung, Wartung, Verbesserung

Die folgende Abbildung veranschaulicht, warum das lineare Vorgehensmodell als „Wasserfallmodell" bezeichnet wird.

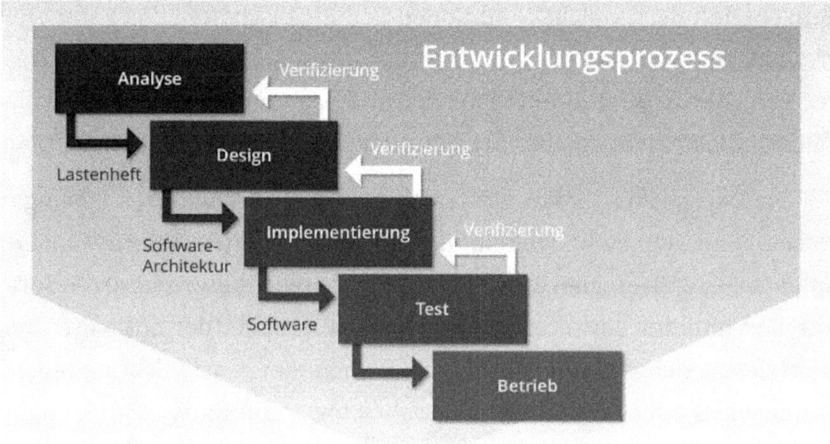

Abbildung 4: Typisches Wasserfallmodell

Das fünfstufige Wasserfallmodell unterteilt Entwicklungsprozesse in folgende Projektphasen: Analyse, Design, Implementierung, Test und Betrieb. Die Grafik zeigt bereits eine Erweiterung des Modells.

Die Verifizierung der Ergebnisse einer jeden Phase wird unter Berücksichtigung der zuvor ausgearbeiteten Anforderungen und Spezifikationen vorgenommen, sodass ein Abgleich zwischen den einzelnen Phasen herrscht.

Die Analysephase ist der Startpunkt eines jeden Softwareprojektes. Diese beinhaltet eine Machbarkeitsstudie und eine Anforderungsdefinition. In der Machbarkeitsstudie wird das Projekt bezüglich seiner Kosten, des möglichen Ertrags und der Realisierbarkeit (Usability) abgeschätzt. Das Ergebnis der Machbarkeitsstudie sind ein Lastenheft (eine grobe Anforderungsbeschreibung), ein Projektplan und die Projektkalkulation. Hieraus kann nach Belieben ein Angebot für den Kunden erstellt werden. Anschließend folgt eine detaillierte Anforderungsdefinition, welche eine Ist-Analyse umfasst und ein Soll-Konzept festhält. Während die Ist-Analyse die Problem-Domäne skizziert, wird im Soll-Konzept definiert, welche Funktionen und Eigenschaften das Software-Produkt bieten muss, um den Anforderungen gerecht zu werden. Aus der Anforderungsdefinition resultiert ein Pflichtenheft, welches eine detaillierte Beschreibung über die Anforderungen an das Projekt stellt.

Die Design-Phase setzt die Ausarbeitung eines konkreten Lösungskonzepts voraus. Aufbauend auf den zuvor ermittelten Anforderungen, Aufgaben und Strategien erarbeiten Ingenieure in dieser Phase die Software-Architektur sowie einen detaillierten Bauplan der Software und fokussieren sich dabei auf konkrete Komponenten wie Schnittstellen, Frameworks oder Bibliotheken. Letztlich bleibt ein Entwurfsdokument mit Software-Bauplan sowie Testplänen für einzelne Komponenten als Ergebnis der Design-Phase bestehen.

In der Implementierungsphase wird das Grundgerüst der Software, welches in der Design-Phase beispielsweise in UML modelliert wurde, in der gewünschten Programmiersprache implementiert. Software wird in der Regel in einer bestimmten Zielumgebung integriert (z. B. in Embedded Systems). Die sich an die Implementierungsphase anschließende Testphase beinhaltet die Integration der Software in genau diese. Die Software wird nach erfolgreichem Abschluss der Testphase für den Betrieb im Produktiveinsatz freigegeben.

2.3.2 Das V-Modell

Das V-Modell ist ein Vorgehensmodell für IT-Entwicklungsprojekte. Das „V“ visualisiert eine Gegenüberstellung von Validation und Verifikation im Zuge einer Entwicklung. Das V-Modell lebt somit vom ständigen Abgleich und ist sicherer als das klassische Wasserfallmodell. Damit stellt es zwei essenzielle Fragen:

- Validation: Machen wir die richtige Arbeit?
- Verifikation: Machen wir die Arbeit richtig?

Das V-Modell betrachtet eine Entwicklung aus technischer und funktionaler Sicht und legt schlussendlich Qualitätssicherungsmaßnahmen fest. Je nach Entwicklungsdomäne umfasst das V-Modell mehr oder weniger Phasen. Auf der linken Seite des „V" steht Folgendes:

- Anforderungsdefinition (Nutzungsanforderungen bzw. Stakeholder-Anforderungen)
- funktionaler Systementwurf (Systemanforderungen)
- technischer Systementwurf (Systemarchitektur als Umsetzung der Systemanforderungen)
- Komponentenspezifikation

Danach folgt die Implementierungsphase am Fuße des „V", welche wiederum in die rechte Seite des „V" mündet. Dort findet sich:

- der Komponententest (gegenüber der Komponentenspezifikation)
- der Integrationstest (gegenüber des technischen Systementwurfs)
- der Systemtest (gegenüber des funktionalen Systementwurfs)
- der Abnahmetest bzw. Akzeptanztest (gegenüber der Anforderungsdefinition).

Beim V-Modell wird also in den Testphasen (rechte Seite des „V") gegen die Spezifikationen (linke Seite des „V") getestet. Auch eine Rückkoppelung zwischen den einzelnen Phasen ist im V-Modell möglich. Im Gegensatz zu einem Wasserfallmodell fordert es jedoch frühzeitig die Spezifikation von entsprechenden Tests.

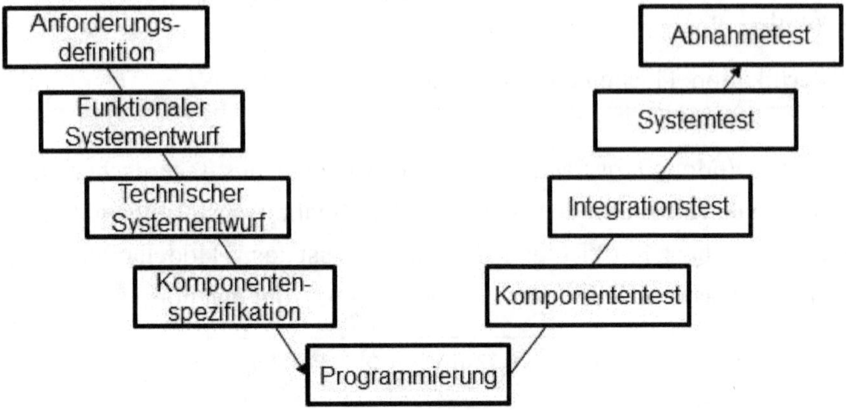

Abbildung 4: Überblick über das V-Modell

Das V-Modell kann für Softwareprojekte jeder Größe genutzt werden, egal, ob in der Wirtschaft, beim Militär oder im öffentlichen Dienst. Es dient als Werkzeug, um die Organisation und Durchführung der Produktentwicklung zu erleichtern.

2.3.3 Scrum

Scrum bedeutet aus dem Englischen übersetzt ‚Gedränge' und ist ein Vorgehensmodell des Projekt- und Produktmanagements. Es findet vor allem in der agilen Softwareentwicklung Anwendung und wurde ursprünglich in der Softwaretechnik entwickelt, kann aber als Vorgehensmodell unabhängig von IT-Systemen und IT-Projektmanagement verwendet werden.

2.3.3.1 Rollen

Scrum verwendet drei fundamentale Rollen: Product Owner, Scrum Master und das Entwicklungsteam. Das gesamte Rollenframework wird als Scrum-Team bezeichnet. Ein Scrum-Team tritt mit den Beteiligten des Kunden in Kontakt, den sogenannten Stakeholdern. Alle Fortschritte und Zwischenergebnisse sind durch das Scrum-Team den Stakeholdern transparent zu machen.

2.3.3.1.1 Product Owner

Der Product Owner spielt im Grunde die wichtigste Rolle, da er für die Interaktion und Transparenz zwischen Scrum-Team und Stakeholdern sowie für das Product Increment verantwortlich ist.

Die Eigenschaften und den wirtschaftlichen Erfolg des Produkts verantwortet der Product Owner. Dieser fördert die Usability des Produktes und maximiert somit Nutzten und Effizienz. Zu seinen weiteren Aufgaben zählen die Erstellung, die Priorisierung und die Erläuterung der zu entwickelnden Produkteigenschaften in Absprache mit den Stakeholdern. Zudem beurteilt der Product Owner, welches Product Increment am Ende eines Sprints zu erwarten ist. Dies wird im sog. Sprint-Backlog festgehalten.

Zur Festlegung der aktuellen Produkteigenschaften des Product Increments nutzt er das Product Backlog. Darin wird die Zusammenarbeit mit dem Entwicklungsteam und den Stakeholdern sowie die Anforderungen an das Produkt eingetragen.

2.3.3.1.2 Entwicklungsteam

Das Entwicklungsteam hält die vom Product Owner vorgegebenen Produktfunktionalitäten in der gewünschten Reihenfolge bereit und beachtet die vereinbarten Qualitätsstandards. Das Scrum-Entwicklungsteam führt eine strenge Selbstorganisation durch, welche auch nicht durch den Scrum-Master vorgeschrieben werden darf.

Die Kernaufgabe des Entwicklerteams ist die Umsetzung von Backlogeinträgen. Der Scrum-Master kann dies anhand eines Kanban-Boards überprüfen und nachverfolgen.

Interdisziplinarität ist bei Entwicklerteams besonders wichtig, damit das Ziel und die Definition of Done eingehalten wird. Entwicklungsteams werden daher häufig mit folgenden Rollen besetzt: Architekt, Entwickler, Tester, Dokumentationsexperte und Datenbankexperte.

2.3.3.1.3 Scrum Master

Der Scrum-Master ist für die Einhaltung der Scrum-Regeln verantwortlich und organisiert den Scrum-Prozess. Er arbeitet hierzu eng mit den Entwicklern zusammen. Warum? Er überprüft die Einhaltung der Projektorganisation, z. B. mit dem von mir angesprochenen Kanban-Board. Hierdurch wird eine enge Zusammenarbeit mit den Entwicklern zur Behebung von Störungen und Hindernissen möglich.

Der Scrum-Master schafft die wichtige Basis zur Kommunikation und Zusammenarbeit im Entwicklungsteam, aber auch zwischen Team und Stakeholdern in Absprache mit dem Product Owner. Zudem schafft er eine vernünftige Arbeitsatmosphäre für das Projektteam, welches von äußeren und inneren Konflikten geplagt werden könnte.

Eine weitere Aufgabe des Scrum-Masters ist z. B. die Moderation der Sprint Retrospektive und oft auch des Sprint Plannings und Backlog Refinements. Er dient zudem dem Team als konstruktive Führungskraft. Das bedeutet nicht, dass er einzelnen Team-Mitgliedern Arbeitsanweisungen zu geben hat. Nein! Er ist Coach des Entwicklungsprozesses und verhindert Hindernisse und Stolpersteine.

Er beurteilt weder Arbeiten des Entwicklungsteams noch belangt er einzelne Team-Mitglieder bei Misserfolg. Das Vorgehensmodell Scrum basiert auf dem gegenseitigen Erfolg von Scrum-Team und Stakeholdern. Somit ist ein Erfolg der Entwickler auch ein Erfolg der Kunden, den alle miteinander zelebrieren können. Niemand wird für seinen Misserfolg disziplinarisch zur Rechenschaft gezogen. Das Team gewinnt, bei Misserfolg gewinnt niemand.

Der Scrum-Master ist, wenn ein Unternehmen gerade frisch mit Scrum beginnt, eine ziemlich anspruchsvolle Aufgabe, da der Scrum-Master das Scrum-Team im Vorgehensmodell ausbilden muss. Wenn ein Projekt im Scrum irgendwann einmal angelaufen ist, verringert sich die Arbeit für den Scrum-Master schnell, da der Scrum-Prozess von

Ereignissen bestimmt wird, die in einem bestimmten Zeitfenster auftreten. Dies ist besser und einfacher zu organisieren als die anfängliche Ausbildung des Teams in Scrum. Ist erst einmal alles klar und der Prozess läuft, so kann sich der Scrum-Master darum bemühen, Scrum in die weiteren Bereiche des Unternehmens zu bringen und dort die Produktivität zu steigern.

2.3.3.2 Ereignisse

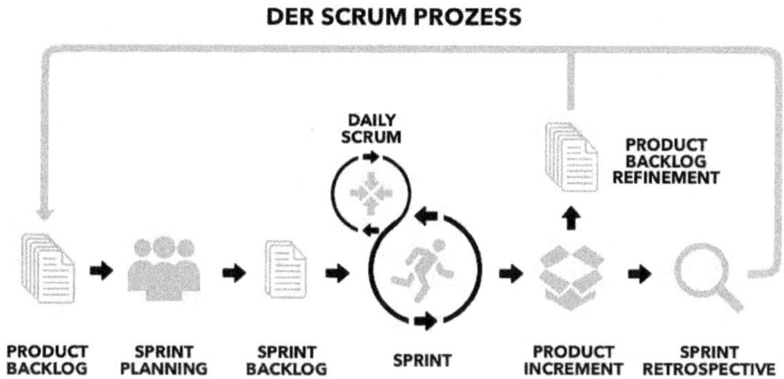

Abbildung 5: Der Scrum-Prozess

In Scrum spricht man von Ereignissen oder Events statt von Meetings, um klarzustellen, dass es sich um Arbeit handelt und nicht nur um Treffen zur Absprache. Alle Ereignisse von Scrum haben feste Zeiten, die nicht überschritten werden sollen. Die Ereignisse des Scrum-Prozesses werden nun weiter analysiert.

2.3.3.2.1 Sprint Planning

Das Sprint Planning gibt Antworten auf folgende Fragen:

- Was wird im kommenden Sprint entwickelt?
- Wie wird die Arbeit im kommenden Sprint erledigt?

Das Sprint Planning wird in zwei wesentliche Teile aufgeteilt und meistens mit 2 h/Woche absolviert, um innerhalb eines 4-Wochen-Sprints nicht mehr als 8 h zu verplanen.

Teil 1: Festlegung des ‚*Was*´:
Die im Product Backlog festgehaltenen Produkteigenschaften werden dem Entwicklungsteam durch den Product Owner präsentiert. Das Product Backlog wird im vorherigen Sprint entsprechend präpariert.

Das Scrum-Team entwickelt im nächsten Arbeitsgang unter Leitung des Product Owners die Definition of Done, die dieser mit den Stakeholdern abgesprochen haben sollte.

Anschließend wird die Anzahl der Product-Backlog-Einträge durch das Entwicklungsteam geschätzt. Dies ist besonders für eine Kostenkalkulation wichtig. Besser früh kalkulieren als sich nachher über immense Personalkosten zu ärgern, die das Projekt gar nicht gedeckelt bekommen.

Das Outcome eines Sprints, also das Ziel dessen, legt das ganze Scrum-Team gemeinsam fest. Die Entwickler entscheiden über die Anzahl der Einträge ins Backlog, der Product Owner hingegen legt die Reihenfolge der Einträge fest.

Teil 2: Festlegung des ‚*Wie*´:
Die Frage nach der Umsetzung speilt gerade im zweiten Teil des Sprint Plannings eine immense Rolle. Aus Kundenanforderungen, welche in Backlog-Einträge umgesetzt wurden, entstehen nun konkrete Aufgaben für die Entwickler. Hierzu werden Kleingruppen gebildet, um die Aufgabeneinteilung und die Frage nach der Modalität möglichst unter Experten abzuwickeln. Der PHP-Programmierer setzt sich also mit dem Java-Experten hin und überlegt sich Schnittstellen und erste Programmbausteine. Hieraus ergeben sich konkrete Aufgaben für sich und andere Expertengruppen.

Schlussendlich rührt aus der ganzen Planungsgeschichte das sog. Sprint Backlog. Hier werden die Product Backlog-Einträge in zielgenaue Tasks umgesetzt, welche mit Hilfe eines Kanban-Boards im kommenden Sprint grafisch dargestellt werden können.

2.3.3.2.2 Daily Scrum

Der Daily Scrum ist ein zentrales und regelmäßiges, tägliches Element der Scrum-Lehre, in der sich das Entwicklungsteam zu Beginn eines Arbeitstages für eine Viertelstunde zusammensetzt, um den aktuellen Projektstand zu besprechen. Ziel eines jeden Daily Scrums ist der Informationsaustausch im Entwicklungsteam. Der Daily Scrum findet zumeist ohne große Beteiligung von Product Owner und Scrum Master statt.

Das tägliche Meeting dient im Übrigen nicht der Problemlösung. Ziel des Daily Scrums ist der Austausch über den aktuellen Projektstand eines jeden Entwicklers. Bewährtes Hilfsmittel für die Entwickler ist das Kanban-Board. Es zeigt an, mit welchen Aufgaben sich der Entwickler gerade auseinandersetzt. Hierzu kann dieser auf sein Vorankommen seit dem letzten Daily Scrum und auf sein Ziel zum nächsten Daily Scrum eingehen. Eine gute Argumentationsbasis also, die durch den Scrum Master zur Verfügung gestellt wird.

2.3.3.2.3 Sprint Review

Anders als die Sprint Retrospektive umfasst das Sprint Review keinen Rückblick auf die Scrum-Methoden des letzten Sprints, sondern auf die Fortschritte des Produkts seit dem letzten Sprint Review, welches am Ende des vorherigen Sprints anstand. Im Sprint Review wird also das Product Increment festgehalten.

Daher ist es gerade im Sprint Review wichtig, dass der Kunden bzw. Anwender mit im Boot sitzt. Sitzt der Knopf überhaupt an der richtigen Stelle? Solchen banal erscheinenden Fragestellungen wird im Sprint

Review und durch den vorherrschenden Anwenderbezug nachgegangen.

Das vom Product Owner notierte Feedback der Stakeholder rührt als Ergebnis aus dem anwendungsorientierten Sprint Review. Im nächsten Product-Backlog-Refinement wird der Product Owner Bezug auf dieses Feedback zur Erstellung des nächsten Product Backlogs nehmen.

Das Sprint Review wird maximal 1 h/Woche durchgeführt. Eine wöchentliche Beteiligung des Kunden, wenn auch durch Video-Konferenz, ist im Scrum essenziell, da Probleme und Änderungswünsche früh erkannt und nötige Änderungen zu einem kostengünstigeren Zeitpunkt effizienter umgesetzt werden können.

2.3.3.2.4 Sprint Retrospektive

Am Ende eines Sprints steht die Sprint Retrospektive an, welche z. B. in Form einer Umfrage stattfinden kann. Ziel ist es, dass das Scrum-Team seine Arbeitsweise optimiert, indem Vorgänge und Informationsaustausch verbessert werden. Eine besondere Hilfestellung bietet der Scrum Master, da er das gesamte Scrum-Team in diesem zentralen Ereignis gut unterstützen kann.

Das Entwicklungsteam samt Product Owner und Scrum Master spricht in der Sprint Retrospektive auch unangenehme Themen, die mit Gefühlen und Empfindlichkeiten zu tun haben könnten, an. Dies ist besonders in einem Arbeitsumfeld sinnvoll, welches von Mobbing geprägt ist. Es ist kein Geheimnis, dass Mobbing auch am Arbeitsplatz auftreten kann. Doch wie klärt man diese Dinge in einem offenen Austausch? Wichtig ist, dass der Scrum Master eine Atmosphäre des Vertrauens herstellt. Wohlmöglich bleiben die Stakeholder dem Meeting fern oder werden nur zum Teil eingeladen.

Die Verbesserungswünsche und die daraus resultierenden Maßnahmen zur Verbesserung werden im Impediment Backlog festgehalten.

Der Scrum Master ist verantwortlich für die Einhaltung der im Impediment Backlog stehenden Verbesserungsmaßnahmen und sorgt gleichzeitig dafür, dass die Sprint Retrospektive nicht mehr als 3 h pro Sprint einnimmt.

2.3.3.3 Artefakte

Neben den Rollen und Ereignissen spielen die Artefakte im Scrum-Prozess eine wesentliche Rolle. Diese gilt es nun, zu ergründen.

2.3.3.3.1 Product Backlog

Der Product Owner ist während der gesamten Projektlaufzeit für das sog. Product Backlog verantwortlich. Dieses ist eine Auflistung (wie oben beschrieben) der für das Produkt vorgenommenen Ansprüche (Pflichtenheft).

Der Product Owner trägt neben den Aufgaben und Zuständigkeiten die Aufwandsabschätzung bzw. die Priorisierung ein. Das Product Backlog erhebt nicht den Anspruch auf Vollständigkeit. Es ist dynamisch und kann dementsprechend auch jederzeit angepasst werden – anders als das Sprint Backlog.

2.3.3.3.2 Product Backlog Refinement

Im Product Backlog Refinement entwickeln Product Owner und Entwicklungsteam fortlaufend den aktuellen und dynamischen Product Backlog. Um dies umzusetzen, sind diverse Aufgaben nötig. Hierzu gehören:

- Ordnen der Einträge
- Löschen von Einträgen, die nicht mehr wichtig sind
- Hinzufügen von neuen Einträgen
- Detaillieren von Einträgen

- Zusammenfassen von Einträgen
- Schätzen von Einträgen
- Planung von Releases

Das Product Backlog Refinement wird natürlich nicht nur zu Lasten der Entwickler vollzogen. Bereits hier können die Anwender bzw. die Stakeholder involviert werden, um Funktionalitäten entsprechend zu verifizieren oder zu fordern. Wir erinnern uns z. B. an das Wasserfallmodell.

Hier besteht ein Durchlauf aus drei wesentlichen Phasen: Design, Implementierung, Test. Im Scrum besteht jeder Sprint aus diesen Phasen, daher spricht man von einem iterativ-inkrementellen Vorgehensmodell. Es ist nicht nur sinnvoll, die Stakeholder in die Testphase eines Sprints zu involvieren. Entwickeln Sie mit dem Kunden zusammen! Das entstehende Produkt wird entsprechend Ihr beider Erfolg.

Das Product Backlog Refinement sollte das Entwicklungsteam nicht mehr als 4 h/Woche in Anspruch nehmen.

2.3.3.3.3 Sprint Backlog

Der Scrum Master und der Product Owner sind für die Erstellung des Sprint Backlogs verantwortlich. Es beinhaltet die genaue Aufgabenverteilung im laufenden Sprint. Hieran orientiert sich das gesamte Scrum-Team zur Umsetzung der Aufgaben. Hilfreich ist daher ein Kanban-Board, welches anzeigt, wie weit ein Entwickler mit seinen Aufgaben ist. Ein Kanban-Board oder auch Taskboard ist zum Beispiel trello.com.

3. Einführung in C

Nun kommen wir zur Crème de la Crème unseres Programmierauftrags: Der Programmiersprache C. In diesem Kapitel erlernen Sie strategisch, wie Sie die Datentypen, die C bietet, einsetzen, wie Sie Ihr erstes Programm aufsetzen, Schleifen und Verzweigungen bauen, Funktionen nutzen und Datenfelder verwalten.

3.1 DATENTYPEN

Starten wir also mit den Datentypen. C differenziert sehr stark in der möglichen Auswahl von Datentypen. Doch was sind Datentypen?

Wenn Sie programmieren, nutzen Sie den Speicher eines Rechners. Damit Ihr Programm möglichst leistungsfähig wird, ist eine Laufzeitoptimierung sinnvoll. Sie nutzen also nur den Speicher, den Sie auch tatsächlich benötigen. Einige Datentypen nutzen daher mehr Speicher als andere. Stellen Sie deshalb sicher, dass Sie die Datentypen sinnvoll initialisieren!

Wo liegen weitere wesentliche Unterschiede zwischen den Datentypen? Zum einen wird der Wertebereich, der durch den belegten Speicher der Datentypen begrenzt wird, festgelegt. Zum anderen kann zwischen Fließkomma-, Festkomma- und ganzen Zahlen unterschieden werden. Im Folgenden werden einige Datentypen der Programmiersprache C aufgeschlüsselt.

Der einfachste Datentyp lautet „character" (kurz: char) und nutzt 1 Byte, dies sind 8 Bit des Rechenspeichers. Hiermit lassen sich ganze Zahlen im Bereich von -128 bis 127 darstellen, da mit 8 Bit $2^8 = 256$ Zeichen codiert werden können. Mit der Vorsilbe „unsigned" legen Sie für den Wertebereich des Datentyps „char" nur den positiven 8-Bit-Bereich fest. Dies entspricht den Zahlen von 0 ... 255. Der wahrscheinlich meistgenutzte Datentyp in C ist der „integer“ (kurz: int). Er liegt im Grundzustand als sog. „short integer“ (auch: short) vor und bedient 2 Byte-System (sprich: 16 Bit-System). Mit einem Integer lassen sich daher quadratisch viele Werte im Verglich zum char darstellen. Der Wertebereich beschränkt sich somit zunächst auf -32768 bis 32767. Mit dem Datentyp „long“ wird der Integer um 2 Byte erweitert, der Wertebereich vergrößert sich somit auf -2147483648 bis 2147483647.

Auch beim Integer lässt sich mit der Vorsilbe „unsigned“ arbeiten. Für die Datentypen „unsigned int“ und „unsigned short“ stellt sich dabei folgender Wertebereich ein: 0 bis 65535.

Im Gegensatz dazu wird der „unsigned long“ das Quadrat des positiven „unsigned integers“ und deckt sogleich einen Wertebereich von 0 bis 4294967295 ab.

Weiter gibt es nur zwei wesentliche Datentypen, die bei C noch eine übergeordnete Rolle spielen: Ist Ihnen gar nicht aufgefallen, dass wir noch gar kein Komma gesetzt haben? Natürlich kann es auch Anwendungen geben, bei denen zum einen ein Komma als Ergebnis entstehen kann, jedoch zum anderen mit Kommas gerechnet wird. Hierfür gibt es den Datentyp „single-precision floating-point“ (kurz: float), welcher mit sieben Stellen einen unglaublich großen Wertebereich von 1.17E-38 bis 3.4E38 (E: 10 „hoch“) abdecken kann, da es sich wie beim „long“ um ein 4 Byte-System handelt.

Achten Sie bei Ihren künftigen Programmen darauf, dass Sie mindestens einer Variablen einer Berechnung den Datentyp „float“ geben, damit das Ergebnis, dessen Variable auch als „float“ initialisiert werden muss, überhaupt als Fließkommazahl berechnet wird. Sonst werden die nicht berechneten Stellen einfach mit Nullen aufgefüllt. Dies ist nicht sinnvoll! Sie haben ja schließlich im Blick, dass wir möglichst speichereffizient arbeiten wollen.

Letztlich bleibt nur noch der Blick auf die größte Gattung an Datentypen, die uns die Programmiersprache C bietet: Den „double-precision floatin-point" (kurz: double), welcher mit 19 Stellen, die aus den verwendeten 8 Byte resultieren, quadratisch viele Fließkommazahlen, wie der „float", darstellen kann. Hiermit ist eine Darstellung von Werten zwischen 2.2E-308 und 1.8E308 möglich.

3.2 HELLO WORLD!

Nun schreiben wir unser erstes Programm, halten Sie sich fest, denn hier ist die Syntax schon entscheidend! Sie benötigen für jedes C-Programm, welches Sie schreiben, die C-Standardbibliothek „stdio.h", in welcher die ganzen Befehle, die unser C-Compiler interpretiert und in Maschinensprache (Assembler) übersetzt, definiert sind. Zudem ist es wichtig, immer in einer Funktion zu arbeiten. Alles andere wird nicht übergeben und führt nur zu Fehlern.

Die Hauptfunktion in C ist die „main". Sie kann auch als Datentyp initialisiert werden, um in der Konsole zu überprüfen, ob das Programm richtig läuft. Die Ausgabe der Funktion erfolgt über „return".

Innerhalb der „main" kann zudem ein Text in die Ausgabekonsole ausgegeben werden. Dies gelingt mit „printf". Der zu schreibende Text muss hierfür in Anführungszeichen geschrieben werden. Ein „\n" sorgt für einen Zeilenumbruch innerhalb der Ausgabe. Das resultierende „hello_world.c" folgt auf der nächsten Seite.

```
#include <stdio.h>

int main() {

    printf("Hello World\n");

    return 0;

}
```

In der Ausgabekonsole von CodeBlocks erhalten Sie in Folge:

Hello World

0

Sie haben gerade die Welt der Programmierung begrüßt!

Behalten Sie sich: Geschweifte Klammern schließen die Funktionsoperationen ein.

3.3 SCHLEIFEN

Nachdem wir einen ersten Blick auf Datentypen, Ausgabeoptionen und die main-Funktion gelegt haben, folgt nun die Einarbeitung in Schleifen. Wir fangen erst einmal mit einer einfachen while-Schleife an.

Stellen Sie sich vor, Sie wollen die Zahlen von 1 bis 5 in die Ausgabekonsole schreiben. Dann ist es echt mühselig, dies mit fünf „printf"-Aufrufen zu tun. In einer Schleife können Sie einen Platzhalter berechnen lassen und in jedem Durchlauf wird dieser dann in die Ausgabekonsole geschrieben. Schauen Sie mal:

```
#include <stdio.h>

int main() {

while(i <= 5){

      printf("Zahl %d\n", i);

      i++;

}

      return 0;

}
```

Im „printf" wirkt %d als Platzhalter für die Variable i. Diese wird in der while-Schleife kontinuierlich hochgezählt. Mit einer Schleife können wir also so viele Werte ausgeben, wie wir wollen (hier: 5). i++ zählt in jedem Durchlauf um eins hoch. Daher wird dies auch als Inkrementaloperation bezeichnet.

Und ist Ihnen eigentlich einmal aufgefallen, wie oft ich ein Semikolon verwende? Jede Operationszeile muss mit einem solchen abgeschlossen werden!

Kommen wir nun zu einer weiteren Art der Schleifennutzung: die for-Schleife. In manchen Anwendungen macht es Sinn, erst zu rechnen und dann eine Operation durchzuführen.

Die for-Schleife wird noch für den letzten Durchlauf innerhalb der Schleifenbedingung ausgeführt und erhält dabei den aktuellen Wert des Inkrements i. Anfangswert, Abbruchbedingung und Operation werden im Schleifenkopf definiert und dort durch ein Semikolon getrennt. Eine Überführung des oberen Programms in eine for-Schleife könnte dann wie folgt aussehen:

```
#include <stdio.h>

int main() {

for(i=0; i<5; i++){

        printf("Zahl %d\n", i+1);

}

        return 0;

}
```

Die von mir angesprochene Bedingung sehen Sie am Schleifenkopf und im „printf“: Möchten wir in der for-Schleife bis 5 zählen, so müssen wir bei 0 anfangen und bis 5 zählen, da die Abbruchbedingung definitionsbedingt kein „<=“ enthalten darf. Im „printf“ wird dann entsprechend um eins weitergezählt (i+1).

Zum Schluss werfen wir noch einen Blick auf eine eher selten verwendete Schleife, deren wesentlicher Unterscheid jedoch sehr relevant ist. Es handelt sich im nächsten Abschnitt um die do-while-Schleife.

Während for- und while-Schleifen sog. kopfgesteuerte Schleifen sind (Kontrollpunkt wird vor Durchlauf ausgeführt), wird bei der do-while-Schleife zunächst der Schleifenblock ausgeführt, egal, ob eine Bedingung vorliegt oder nicht. Erst nach jedem Durchlauf kann abgebrochen werden.

Ein Beispiel:

```
#include <stdio.h>

int main() {
```

```
do {
      printf("\n Bitte geben Sie Ihr Alter ein: ");
      scanf("%d", &alter);
  } while(alter < 5 || alter > 100);
}
      printf("Danke. \n");
      return 0;
}
```

In diesem C-Programm wird Ihr Alter abgefragt. Die „scanf"-Funktion öffnet ein Bedienfeld, in welches Sie Ihr Alter eintragen können. Dieses wird als Adresse (Pointer → siehe Kap. 3.6) gespeichert. Solange Ihr Alter kleiner 5 oder größer 100 ist, wird dieses immer wieder abgefragt. Das Programm lässt somit eine Ausgabe anderer Werte nicht zu und liefert hiermit einen Definitionsbereich!

3.4 VERZWEIGUNGEN

Es gibt drei Wege, eine Verzweigung in C zu bilden: if und else, else if und switch case. Stellen Sie sich vor, Sie müssen die Software für einen Snackautomaten schreiben: Sie müssen also prüfen, ob Geld vorhanden ist. Wenn ja, dann geben Sie einen Snack frei:

```
#include <stdio.h>

int main() {

int einwurf = 0;

```

```
printf("Snackautomat | Bitte werfen Sie 1€ ein!");

scanf("%d", &einwurf);

if(einwurf == 1) {

    printf("\n Vielen Dank. Bitte entnehmen Sie Ihren Snack. \n");

} else {

    printf("\n Sie haben kein Geld eingeworfen. \n);

    }

}
```

Das Programm überprüft also, ob ein Geldeingang erfolgt ist. Wenn dem so ist, erfolgt die Programmabfolge nach if. Andernfalls wird die else-Verzweigung ausgeführt. Mit Verzweigungen lassen sich also Fallunterscheidungen durchführen. Haben Sie mehr als einen Fall (if) und eine Ausweichoption (else), so können Sie mit else if-Verzweigungen beliebig viele weitere Fälle aufrufen.

Zum Beispiel:

```
#include <stdio.h>

int main() {

int einwurf = 0;

printf("Snackautomat | Bitte werfen Sie 1€ ein!");

scanf("%d", &einwurf);

if(einwurf == 1) {
```

```
    printf("\n Vielen Dank. Bitte entnehmen Sie Ihren Snack. \n");
}
else if(einwurf >= 1){
    printf("\n Vielen Dank. Bitte entnehmen Sie Ihren Snack und Ihr
Wechselgeld\n");
}

else if(einwurf <= 1){
    printf("\n Bitte werfen Sie ausreichend Geld ein!\n");
}
else {
    printf("\n Sie haben kein Geld eingeworfen. \n);
    }
}
```

So können Sie die Bezahlrealität in Ihrer Software gleich besser abbilden. Wenn Sie allerdings sehr viele Fallunterscheidungen durchführen, so wird das Programm mit sehr vielen else if-Verzweigungen schnell unübersichtlich. Doch keine Panik: Dafür bietet C eine andere Möglichkeit: die switch case-Anweisung. Diese schauen wir uns jetzt an.

Mit dem Schlüsselwort „case“ können Sie die verschiedenen Fälle initialisieren. Nach der Initialisierung wird der case-Block mit einem „break“ abgeschlossen. So kann der C-Compiler eindeutig feststellen, was zur Fallunterscheidung gehört und was nicht. Hierzu habe ich Ihnen ein kleines Beispiel vorbereitet:

```
#include <stdio.h>

int main() {

int b = 3;

    switch(b){
    case 1: printf("b ist eins \n");
    break;
    case 2: printf("b ist zwei \n");
    break;
    case 3: printf("b ist drei \n");
    break;
    default: printf("b ist irgendwas \n);
    break;
    }
}
```

Der „default"-Operator arbeitet hierbei äquivalent zum „else" in den if-Verzweigungen.

3.5 FUNKTIONEN

Funktionen sind überaus wichtige Operationen in C: Wir haben zunächst nur die main-Funktion kennengelernt. Diese brauchen wir immer, da hier das Programm beginnt. Sie können aber auch Dinge parallel zur Ausführung der main berechnen lassen. Dies geschieht in ausgelagerten

Funktionen, auf die wir nun einen ersten Blick werfen. Eine Funktion (z. B. int addiere) muss vor die main geschrieben werden, damit der Compiler weiß, wo Sie steht und nicht erst die ganze main abarbeiten muss, um sie unten drunter zu finden.

Die main gibt Werte vor. Diese werden durch den Funktionsaufruf übergeben und in der Funktion berechnet. So können z. B. zwei Zahlen in der main vorgegeben werden und in einer separaten Funktion „int addiere“ miteinander addiert werden. Wir schauen einmal, wie das geht:

```
#include <stdio.h>

int addiere(int summand1, int summand2){
    return(summand1 + summand2);
}

int main() {

    int summe = addiere(5, 8);
    printf("Die Summe von 5 und 8 ist %d \n", summe);
    return 0;
}
```

Gar nicht so schwer, oder? Sie dürfen eben nur nicht mit den Variablen durcheinanderkommen, aber ich traue Ihnen zu, dass Sie das hinkriegen ☺.

3.6 POINTER

Zeiger sind überaus wichtige Operationen in C. Es gibt Daten, deren Speicherort nicht beliebig sein sollte, da Sie sonst Gefahr laufen, den

Überblick zu verlieren. Daher nutzen wir im Folgenden Operatoren, die es möglich machen, auf die Adresse der Daten anstelle auf die Daten selbst zu zeigen. Das sind sog. Pointer. Mit diesen können wir Datenfelder auch syntaktisch hintereinander auslesen.

Ein Beispiel: Sie erstellen zunächst eine Variable und geben Ihr einen Wert. Danach sollten Sie einen Zeiger erstellen, der auf diese Variable zeigt. Ein Zeiger wird mit einem „*“ deklariert. Er sollte zudem den gleichen Datentyp wie die Variable selbst besitzen.

Dieser Zeiger existiert nun. Toll! Er zeigt aber nichts Sinnvolles an. Daher sollten Sie Ihn im nächsten Schritt auf die Adresse der Variable zeigen lassen. Dies geschieht mit einem „&“.

```
#include <stdio.h>

int main() {

    int zahl = 5;
    int *zeiger;
    zeiger = &zahl;
    printf("Zeiger-Wert: %d \n", *zeiger);
}
```

3.7 ARRAYS

Als Nächstes schauen wir uns Datenfelder, sog „arrays“, an. Stellen Sie sich vor, Sie schreiben die Software für einen Sensor. Die Messwerte sollen zwischengespeichert und nach Möglichkeit statistisch ausgewertet werden. Hierbei werden Werte zumeist gemittelt o. Ä. Das Zwischenspeichern wird mit Variablen erzielt. Angenommen, der Sensor liefert einen Messwert pro Millisekunde, dann haben wir 60.000 Messwerte pro Minute. Klingt nach viel Arbeit, all diese Variablen zu initialisieren. Machen wir uns das Leben also einfacher und nutzen Datenfelder: Mit nur einer Deklaration wird das ganze Feld initialisiert und die Daten werden als Elemente des Feldes eingetragen.

Denken Sie daran, dass ein Datenfeld immer bei 0 anfängt. Ein Feld der Länge 5 hat somit Einträge zwischen 0 und 4. Das Feld wird vom Compiler automatisch mit dem sog. Nullbyte abgeschlossen. Das sehen Sie zwar nicht, bedenken Sie jedoch, dass es erst ab einer gewissen Größe des Arrays Sinn macht, es als Array anzulegen, da immer ein weiteres Byte (das Nullbyte) für das Auslesen mit ausgelesen wird. Für ein Byte macht dies also überhaupt keinen Sinn!

```
#include <stdio.h>

int main() {

    float messwerte [5];

    messwerte[0] = 23.0;
    messwerte[1] = 22.2;
    messwerte[2] = 21.7;
    messwerte[3] = 20.9;
    messwerte[4] = 20.5;

    printf("Erster Wert (Index 0): %.2f \n", messwerte[0]);
    printf("Letzter Wert (Index 4): %.2f \n", messwerte[4]);

}
```

Im printf wird das erste Mal „%.2f" benutzt. Hier wird ein float mit zwei Nachkommastellen ausgegeben.

3.8 ABSCHLUSSPRÜFUNG: PRIMFAKTORZERLEGUNG

Im Folgenden entwerfen wir ein Programm, welches uns bei der Eingabe einer Zahl diese als Produkt-Zerlegung in Primzahlen angibt. Zwei wesentlich Operationen sind hierfür wichtig: Die Integer-Division und der Modulo-Operator.

Fangen wir mit Ersterem an. Bei der Integer-Division von 21 und 10 wird nicht 2,1 als Ergebnis auftauchen, sondern 2, da wir einen Integer verlangen und dieser kein Komma hat. So kommen wir also an die erste Ziffer einer Zahl. Bauen wir daraus eine Schleife, so geht das auch mit beliebig großen Zahlen, bis die Integer-Division durch 10 schließlich 0 ergeben würde.

Mit Modulo 10 („%10") erhalten wir die letzte Ziffer einer Zahl. Wir teilen durch 10 und der Rest wird ausgegeben. 21%10 würde daher 1 ergeben, da es sich um die Nachkommastelle und damit um die letzte Ziffer von 2,1 handelt. Der Rest des Programmes ist lediglich etwas Mathematik. Viel Spaß beim Lernen und Nachvollziehen!

```
#include <stdio.h>

#include <math.h>

#include <time.h>

#ifdef _WIN32

#include <windows.h>    // Notwendig für SetConsoleOutputCP(), siehe
unten

#endif
```

```
long long leseLongLong(char *string)
{
   long long eingabe = -1;
   printf("%s", string);      //Möglicher "Name" für eingegebenen Wert
   scanf("%I64d",&eingabe);
   return eingabe;    //Rückgabe der eingegebenen Zahl
}

long long kTeiler(long long n)
{
   unsigned long long k=2, x;
   if(n % k == 0)    //Prüfen, ob eingegebene Zahl durch 2 teilbar
   {
      return k;     //Rückgabe von 2
   }
   else
   {
      k=3;
      if(n % k == 0)
      {
         return k;
      }
      else
```

```
{
 x = sqrt(n) + 1 ;       //Maximaler Wert des Teilers
 k = 5;
 while(k <= x)
 {
   if(n % k ==0)
   {
     return k;     //Rückgabe des nächst-größeren Teilers
   }
   else
   {
     k = k + 2;
     if(n % k == 0)
     {
       return k;
     }
     else
     {
       k = k + 4;
     }
   }
 }
}
```

```
        return n;        //Wenn kein Teiler gefunden wird (kleiner sqrt(n)),
wird die eingegebene Zahl selbst zurückgegeben
    }
}


void prim(long long n)
{

    long long Rest;
    unsigned long long k=1;
    k=kTeiler(n);     //Suchen des kleinsten Teilers
    printf("%I64d = %I64d", n, k);     //Ausgabe der eingegebenen Zahl,
einem '=' sowie dem kleinsten Teiler
    Rest = n / k;     //Setzen des Restes
    while(Rest > 1)   //Ausführung bis Rest = 1
    {
        k=kTeiler(Rest);      //Suchen des nächsten Teilers
        printf(" * %I64d", k);   //Ausgabe eines '*' und des nächsten Teilers
        Rest = Rest / k;      //Erneutes Setzen des Restes
    }
    printf("\n");     //Zeilenumbruch am Ende der Primfaktorzerlegung

}

int main(void)
```

```
{
#ifdef _WIN32
  SetConsoleOutputCP(1252);    // Setzt unter Windows den ANSI-Zei-
chensatz auch in der Konsole
#endif

  double start, end;
  //double start2, end2;    //Einzel-Zeitausgabe
  long long Eingabe;
  start=clock();    //Gesamt-Zeitausgabe
  while(1)    //"Endlosschleife"
  {
    Eingabe = leseLongLong("");    //Einlesen der zu zerlegenden Zahl
    if(Eingabe >= 1 )    //Prüfen, ob Eingabe-Wert korrekt
    {
      //start2=clock();    //Einzel-Zeitausgabe
      prim(Eingabe);
      //end2=clock();    //Einzel-Zeitausgabe
      //printf("Zeit: %.2f s\n\n\n",(end2 - start2) / CLOCKS_PER_SEC);
//Einzel-Zeitausgabe
    }
    else
    {
      end=clock();    //Gesamt-Zeitausgabe
```

```
        printf("\nGesamtzeit: %.2f s\n",(end - start) / CLOCKS_PER_SEC);
////Gesamt-Zeitausgabe

        return 0;

    }

  }

  return 0;

}
```

4. Mikrocontroller-Anwendungen

In diesem Kapitel schauen wir auf einige Mikrokontroller-Anwendungen. Als C-Profi werden Sie später gefragt, ob Sie hier „mal eben" einen Arduino programmieren können usw. Wir schauen uns in diesem Kapitel mehrere Beispiele für einen Infineon-µC (µC: Mikrocontroller) an.

4.1 EIN GÄNGIGER MIKROCONTROLLER

Der Infineon 8051A ist einer der gängigsten Mikrocontroller auf C-Basis. Er gehört zur Familie der MCS-51-Mikrocontroller und besitzt eine ROM-Maske. Das 2x8 Bit-System macht es gerade für einfache Anwendungen einfach, simpel zu programmieren. Im Folgenden schauen wir auf zwei wesentliche Programmierweisen: Polling und Interrupt.

4.2 POLLING

Unter Polling versteht man die Ausführung eines Systemblocks, solange die Abbruchbedingung nicht erfüllt ist. Es funktioniert also genauso wie eine do-while-Schleife.
Ein Beispiel:

```
#include(reg.517a.h)

char i = 0;

void main(void)

    {

    do {

        tmod = 0x01;
```

```
        P4 = 0x01;
        TR0 = 1;
        while(tfo == 0x00){
                        i++;
                        }
        P4 = P4 << 1;
                        if(!P4)
                        {P4=1;
    }
                        tf0 = 0x00;
    while(1);
}
```

while(1) ist eine Endlosschleife. Solange der Controller läuft, wird die do-while-Schleife ausgeführt. Wenn allerdings tfo = 0 ist, wird eine Variable i einfach so lange hochgezählt, bis tfo nicht mehr null ist. Dies unterbricht die Ausführung des Hauptprogramms für diesen Zeitpunkt. Hierdurch (durch gezieltes Platzieren dieser Programmsequenz) wird das Polling-Verfahren zur Unterbrechung einer Sende- bzw. Empfangssequenz häufig eingesetzt.

4.3 INTERRUPT

Anders sieht dies beim Interrupt aus: Hier springt durch die Interrupt-Bedingung der Compiler, egal, wo er gerade ist, aus der main heraus und führt den Interrupt, der in der Interrupt-Service-Routine (ISR) hinterlegt ist, einmal aus. Sie dürfen im Interrupt auf keinen Fall eine Schleife programmieren, da dies zu Laufzeitschwankungen führt, die keinen gewinnbringenden Vorteil des Interruptes gegenüber Polling hätten.

```
#include(reg.517a.h)

void isr(void) interrupt 1{
        tf0 = 0x00;
                P4 = P4 << 1;
        if (!P4){
                P4=1;
        } else{
                TI0=0;
}

char i;
void main(void)
        {
                EAL = 1;
                ET0 =1;
                TH0 = 0x7F;
                TL0 = 0xFF;
                tmod = 0x01;
                TR0 = 1;
```

```
    P4 = 0x01;

    while(1){
    i++;
    }
}
```

Hier wurde dasselbe Programm nur mit Interrupt durchgeführt. Lassen Sie sich ruhig Zeit, die Unterschiede nachzuvollziehen. Es ist aber gar nicht schwer, wenn Sie Kapitel 3 gelesen haben☺.

4.4 BEISPIELPROGRAMME

Hierzu folgen noch ein paar konkrete Anwendungsbeispiele:

Im ersten Schritt lesen wir den A/D-Wandler (ADC) mit Hilfe des 8051-µC aus. Schauen Sie hierzu online nach seinem Datenblatt, denn die Register, die wir hier verwenden, sind nicht trivial. Die Ergebnisse werden an Port 4 (P4) an eine LED-Leiste ausgegeben.

```
#include <reg517a.h>
#include <ad_lcd.h>

void main(void)
{   unsigned int var =0;
    unsigned int zahl =0;
    int tausender = 0;
    int hunderter = 0;
```

```
    int zehner = 0;

    int einer = 0;

    int led = 0;

/*

    delay(1500);

    InitLcd();

    delay(4);

    clear();

    printtext("U=");

  */
ADDATL=0x00;    //Wandler initialisieren

while(1)
    {
        if(BSY==0){

        /*var = ADDATH * 50000/255;

        zahl = var /10;

        tausender = zahl/1000;

        zahl = zahl%1000;

        hunderter = zahl/ 100 ;

        zahl = zahl%100;
```

```
zehner = zahl/10;
einer = zahl%10;

position(1,3);
printwert(tausender);
printwert(hunderter);
printwert(zehner);
printwert(einer);
printtext("mV");
*/
led = ADDATH / 29;
switch(led)
{
 case 0:
        P4 = 1;
        break;

 case 1:
        P4 = 3;
        break;

 case 2:
        P4 = 7;
        break;
 case 3:
```

```
                P4 = 15;

                break;

        case 4:

                P4 = 31;

                break;

        case 5:

                P4 = 63;

                break;

        case 6:

                P4 = 127;

                break;

        case 7:

                P4 = 255;

                break;

        }

        ADDATL=0x00;

        }

    }

}
```

Weiter programmieren wir nun einen ADC-Rechner, der bereits erste Rechenoperationen durchführen kann.

```
#include <reg517a.h>
#include <ad_lcd.h>

    unsigned int var =0;
    int prozent = 0;
    int zehner=0;
    int einer=0;
void main(void)
{
        delay(1500);
    InitLcd();
    delay(4);
    clear();

    printtext("%=");

    CMEN=0x80;

    CMSEL=0x80;

    CTREL=0xFF00;

    CM7 = 0xFF80;
```

```
    CTCON = 0x00;

    ADDATL=0x00;    //Wandler initialisieren

//  ADDCON0 =0x00;

    while (1)

    {

        if(BSY==0){

        var = ADDATH;

         CM7 = 0xFF00 + var;

        position(1,3);

        prozent = var*100/255;

        zehner = prozent/10;

        einer = prozent%10;

        printwert(zehner);

        printwert(einer);

        ADDATL=0x00;

        }

    }

}
```

Nun lehnen wir uns weit aus dem Fenster und untersuchen eine Ziffernfolge auf die erste und letzte Ziffer. Dann geben wir diese auf einem LCD-Display aus.

```
#include <reg517a.h>

#include <ad_lcd.h>


int timerwert = 0;

int istwert = 0;

int sollwert = 70;

int differenz = 0;

int print = 0;


void isr(void) interrupt 3

{

        istwert = TL0;

        TL0 = 0;

        TH1 = 0x00;

        TL1 = 0x00;

        differenz = sollwert-istwert;

        CML7 = CML7 + differenz;


}


void main(void)

{
```

```
    delay(1500);
    InitLcd();
    delay(4);
    clear();

    CMEN=0x80;

    CMSEL=0x80;

    CTREL=0xFF00;

    CM7 = 0xFF80;

    CTCON = 0x00;

//  ADDCON0 =0x00;

    TMOD = 0x16;
    TR0 = 1;
    TR1 = 1;
    EAL = 1;
    ET1 = 1;

    while (1)
    {
        position(1,3);
        printtext("IST: ");
```

```
        printwert(istwert/100);

        printwert((istwert%100)/10);

        printwert(istwert%10);


        position(2,3);


        if(differenz < 0)

        {

          printtext("Diff: -");

          print =-differenz;


        }

        else

        {

              printtext("Diff: +");

          print =+differenz;


        }

        printwert(print/100);

        printwert((print%100)/10);

        printwert(print%10);


    }

}
```

Hierzu können Sie meinen Vorschlag des Interruptes gut verwenden! Jetzt programmieren wir ein Tastenfeld. Machen Sie sich auch hierzu Gedanken, wie dieses (Frequenzwahlverfahren bei ISDN-Telefonie) technisch funktioniert. Die Zeilen und Spalten des Tastenfeldes sind dann jeweils an Ports des µC angeschlossen. Es folgt demnach eine intensive Fallunterscheidung mit der Verwendung der switch case-Verzweigung!

```
#include <reg517a.h>
#define taste1 0xB7 //  1

#define taste2 0xD7 //  2

#define taste3 0xE7 //  3

#define taste4 0xBB //  4

#define taste5 0xDB //  5

#define taste6 0xEB //  6

#define taste7 0xBD //  7

#define taste8 0xDD //  8

#define taste9 0xED //  9

#define taste0 0xDE //  0

#define taste_stern 0xBE // *

#define taste_dkreuz 0xEE //  #


sbit spalte1=P1^6;

sbit spalte2=P1^5;

sbit spalte3=P1^4;
```

```
#define KEINE_TASTE 0xFF

void delay(unsigned int wert)

{

    unsigned int i;

    for(i=wert;i>0;i--);

}

unsigned char tastencode;

void ISR_tastatur(void) interrupt 0

{

delay(100);

P1=0xF7;

    switch(P1)

    {

        case taste1:

        tastencode = taste1;

        break;

      case taste2:

        tastencode = taste2;

        break;

        case taste3:

        tastencode = taste3;
```

```
        break;
    }
P1=0xFB;
    switch(P1)
    {
        case taste4:
        tastencode = taste4;
        break;
      case taste5:
        tastencode = taste5;
        break;
        case taste6:
        tastencode = taste6;
        break;
    }
P1=0xFD;
        switch(P1)
    {
        case taste7:
        tastencode = taste7;
        break;
      case taste8:
```

```
            tastencode = taste8;
            break;
           case taste9:
            tastencode = taste9;
            break;
    }
P1=0xFE;
    switch(P1)
    {
           case taste_stern:
            tastencode = taste_stern;
            break;
        case taste0:
            tastencode = taste0;
            break;
           case taste_dkreuz:
            tastencode = taste_dkreuz;
            break;
    }

P1=0xF0;
delay(1);
IE0=0;
}
```

```
void main(void)
{
    P1 = 0xF0;
    tastencode = KEINE_TASTE;
    IT0 = 1;
    EX0 = 1;
    EAL = 1;
    for (;;)
    {
        switch(tastencode)
        {
        case taste1:
            tastencode = KEINE_TASTE;
            P4=0x01;
            break;
        case taste2:
            tastencode = KEINE_TASTE;
            P4=0x02;
            break;
        case taste3:
            tastencode = KEINE_TASTE;
            P4=0x03;
```

```
        break;
    case taste4:
        tastencode = KEINE_TASTE;
        P4=0x04;
        break;
    case taste5:
        tastencode = KEINE_TASTE;
        P4=0x05;
        break;
    case taste6:
        tastencode = KEINE_TASTE;
        P4=0x06;
        break;
    case taste7:
        tastencode = KEINE_TASTE;
        P4=0x07;
        break;
    case taste8:
        tastencode = KEINE_TASTE;
        P4=0x08;
        break;
    case taste9:
        tastencode = KEINE_TASTE;
```

```
            P4=0x09;
            break;
        case taste0:
            tastencode = KEINE_TASTE;
            P4=0x00;
            break;
        case taste_stern:
            tastencode = KEINE_TASTE;
            P4=P4-1;
            break;
        case taste_dkreuz:
            tastencode = KEINE_TASTE;
            P4= P4+1;
            break;
        default: // keine Taste
            break;
        }
    }
}
```

Im letzten Schritt senden und empfangen wir einen string. Was ist das denn jetzt? Ein string ist eine Buchstabenfolge, also ein Wort. Hierzu wird die serielle Schnittstelle des 8051A programmiert.

```
#include<reg517a.h>
//char temp;
//void isr(void) interrupt 16{
//    if(TI1==0){
//          RI1 = 0;
//          temp = S1BUF;
//          temp++;
//          S1BUF = temp;
//    }else{
//                TI1 = 0;
//    }
//}
//char i;
//void main(void){
//          TMOD = 0x20;
//          TH1 = 0xFD;
//          S1CON = 0x50;
//          PCON = 0x00;
//          TR1 = 1;
//          S1BUF = 0x45;
//          while(TI1==0){}
//          TI1 = 0;
//          S1BUF = 0x3D;
```

```
//        while(TI1==0){}
//        TI1 = 0;
//        IEN1 = 0x90;

//        while(1){
//        i++;
//        }
//}

void main (void)
{
    S1CON=0x90;
    S1RELL=0xd9;
    S1RELH=0x03;

    while (1) {
        S1BUF=0x75;

        while ((S1CON&0x01) ==0x01);
        S1CON=S1CON&0xFE;
        P4=S1BUF;
    }
}
```

4.5 ABSCHLUSSPRÜFUNG: DSP PROGRAMMIEREN

Digitale Signalprozessoren werden dazu verwendet, extrem komplexe mathematische Probleme zu lösen. Im Folgenden habe ich für Sie die FFT (Fast Fourier Transform) eines Rechtecksignals samt digitaler Filterung programmiert. Bevor Sie anfangen, sich mit der Mathematik und Programmierung dahinter zu beschäftigen, habe ich eine Eingangsfrage an Sie: Handelt es sich um Polling oder Interrupt?

```
#include "math.h"

        /*Filter-Daten Buffer:xd=xdelay, 16 Abtastwerte*/

int xd[16]={0,0,0,0,0,0,0,0,0,0,0,0,0,0,0,0};

        /* Filter-Koeffizienten    N=16,    fa=16khz,fg=4.5khz,    16
Koef. LPF */

int h[16]={2, -5, -4,28, -5, -94,91,487 ,487 ,91, -94, -5,28, -4, -5,2 };

        /* Filter-Koeffizienten    N=16,    fa=16khz,fg=1.5khz,    16
Koef. LPF*/

/*int h[16]={-3,-4,-1,13,47,98,150,183,183,150,98,47,13,-1,-4,-3};*/

        /*Rechteck-Signal 1khz , 32 Abtastwerte*/

int x[32]={1,1,1,1,1,1,1,1,-1,-1,-1,-1,-1,-1,-1,-1,1,1,1,1,1, 1, 1, 1,-1,-1,-1,-
1,-1,-1,-1,-1} ;

        /*Dirac-Stoß für Impulsantwort des Filters, 32 Abtast-
werte*/

/*int x[32]={1,0,0,0,0,0,0,0,0,0,0,0,0,0,0,0,0,0,0,0,0,0,0,0,0,0,0,0,0,0,0,0};
*/

        /*Ausgangssignal*/
```

```
int y[32];
void main(void)
{
/*Hier Programm eingeben*/
 while(1);
}
```

Wir nutzen hier beides ☺!

5. Spezialanwendungen

Jetzt wird es krank. In den folgenden beiden Spezialanwendungen von C wird komplexe Mathematik in ein Programm umgesetzt. Zunächst schauen wir auf ein Mobilfunk-Szenario. Im Anschluss lernen Sie, eine DFT (Diskrete Fouriertransformation) selbst zu programmieren.

5.1 ENERGIEWERTBESTIMMUNG EINER BITFOLGE IM MOBILFUNK

Eine binäre Folge der Länge n ist eine endliche Folge $s = (s_0, s_1, \dots, s_{n-1})$ mit $s_j \in \{-1, +1\}$ für alle $0 \leq j < n$. Im Folgenden wird d stets periodisch fortgesetzt. Es gilt: $s_{n+j} = s_j$. Für eine binäre Folge s der Länge n ist für $0 < k < n$ die periodische Autokorrelation der Ordnung k gegeben durch:

$$C_k(s) = \sum_{j=0}^{n-1} s_j s_{j+k}$$

Der Energiewert dieser Folge ist gegeben durch:

$$E(s) = \sum_{k=1}^{n-1} (C_K(s))^2$$

In manchen Problemstellungen interessiert man sich bei gegebener Folgenlänge n für den kleinsten Energiewert aller binären Folgen der Länge n. Es ist leicht zu zeigen, dass es für die Folgenlänge n = 4 nur drei unterschiedliche Energiewerte gibt: 0, 16 und 48. Für n = 5 gibt es ebenfalls nur drei unterschiedliche Energiewerte: 4, 20 und 100. Tabelle 3 listet weitere Beispielswerte auf.

Erstellen Sie ein laufzeitoptimiertes Programm minEnergie, das für alle Folgenlängen n zwischen 4 und 30 (also für430n≤≤) den jeweils minimalen Energiewert bestimmt und ausgibt. Bestimmen Sie außerdem die Summe dieser 27 minimalen Energiewerte. Dabei müssen folgende Rahmenbedingungen beachtet werden:

- Es dürfen keine Felder (Arrays) benutzt werden! Für die Codierung einer binären Folge soll ein ganzzahliger Datentyp wie int oder long long benutzt werden (siehe auch den Hinweis weiter unten)
- Das Quellprogramm soll im Poolraum mit dem dort installierten GCC-Compiler kompiliert werden und die gesamte Laufzeit sollte unter 32 Sekunden liegen.
- Alle benutzten Optimierungen müssen begründet werden und auch für größere n-Werte theoretisch gültig sein.

Hinweise zur Berechnung von Ck (s):
Um Ck (s) zu berechnen, setzen wir s periodisch fort und vergleichen an n aufeinanderfolgenden Stellen das so fortgesetzte s mit einer um k Stellen verschobenen Kopie von s; es gilt nun: Ck (s) = Anzahl der übereinstimmenden Stellen - Anzahl der unterschiedlichen Stellen. Indem wir -1 mit 0 austauschen, wird s = (1, 1, 1, -1, -1) durch die Bitfolge (1, 1, 1, 0, 0) repräsentiert, die der Dualdarstellung von 28 entspricht. Somit kann der ganzzahlige Wert 28 als Codierung der binären Folge s benutzt werden. Mithilfe des XOR-Operators (bitweises exklusives ODER) können die einzelnen Korrelationswerte schnell berechnet werden.

Hilfreiche Fragen
• Wie ändert sich Ck (s), wenn alle Bits in s invertiert werden? • Was ist der Zusammenhang zwischen Ck (s) und Cn-k (s)? • Wie ändert sich Ck (s), wenn jedes zweite Bit in s invertiert wird?

```
#include <stdio.h>
#include <time.h>
#include <limits.h>

int main(void) {
  int n, ck, E, zahl, k, tempzahl, min, n_einsen;
  double end, start;

  start = clock();      //Zeitnahme

  for(n=4; n<=28; n++)       //Folgenlänge
  {
    min =INT_MAX;
    for (zahl=1; zahl<=((1<<n)/4); zahl++)        //Durchlaufen aller ein-
deutigen Zahlenfolgen
    {
      E=0;
      for (k=1; k<n; k++)
      {
        tempzahl = (zahl^(zahl>>k))&((1<<(n-k))-1);

        n_einsen = 0;

        tempzahl = tempzahl - ((tempzahl >> 1) & 0x55555555);
        tempzahl = (tempzahl & 0x33333333) + ((tempzahl >> 2) &
0x33333333);
```

```
            n_einsen = (((tempzahl + (tempzahl >> 4)) & 0xF0F0F0F) *
0x1010101) >> 24;

            ck = n_einsen - (n-k-n_einsen);

            E += ck*ck;

            if (E > min)        //Prüfen, ob Energie der Folge größer als bishe-
rige kleinste Energie

               break;

            ck = 0;

         }

            if(min > E)

            min = E;

      }

      printf("n = %2d - Minimaler Energiewert: %2d\n", n, min);
//Ausgabe

   }

   end = clock();     //Zeitnahme

   printf("Zeit: %.2f\n", (end-start)/CLOCKS_PER_SEC);        //Ausgabe
Zeitnahme

   return 0;

}
```

Wir arbeiten an dieser Stelle also das erste Mal mit einer Bitmaske, die durch das Verodern die gewünschten Produkte berechnet.

5.2 DISKRETE FOURIERTRANSFORMATION AUF EINEM DSP

Zum Schluss der Spezialanwendungen sollten Sie sich in folgendes DSP-Programm hineinfuchsen und mir anschließend die folgende Frage beantworten können: Warum setzen wir hier auf das Polling?

```
#include "math.h"
float x[16]={1,1,1,1,1,1,1,1,-1,-1,-1,-1,-1,-1,-1,-1}; /*Eingangssignal*/


float yre[16];            /*Real-Teil*/
float yim[16];            /*Imaginär-Teil*/
              /*SINUS-Tabelle*/
float
sintab[16]={0.0,0.382683,0.707107,0.9238,1.0,0.9238,0.707107,0.382
683,0.0,-0.382683,-0.707107,-0.9238,-1.0,-0.9238,-0.707107,-
0.382683};
              /*COSINUS-Tabelle*/
float         costab[16]={1.0,0.9238,0.707107,0.382683,0.0,-0.382683,-
0.707107,-0.9238,-1.0,-0.9238,-0.707107,-
0.382683,0.0,0.382683,0.707107,0.9238};
float mag[16],arg;          /*Betrag und Argument: mag[n]=sqrt(arg) mit
arg=yre[n]**2+yim[n]**2*/
int main(void)
{
/*Hier Programm eingeben*/
 while(1);
}
```

Die Antwort ist ganz einfach: Das Polling hilft uns, im Fall der Funktionseingabe die Berechnungen für alle Werte solange durchzuführen, bis sie vollständig abgeschlossen sind. Ein Interrupt-Verfahren könnte dafür sorgen, dass wir Gefahr laufen, dass Zwischenwerte übersprungen werden und es kein sinnvolles Ergebnis gibt.

6. Errungenschaften von C

In diesem Kapitel schauen wir gespannt auf die Errungenschaften von C in anderen Programmiersprachen und lernen diese dabei kennen. Es sei erwähnt, dass es vor C keine Programmiersprache mit den in Kapitel 3 angesprochenen Leistungen gab.

6.1. JAVASCRIPT

6.1.1 Was ist JavaScript?

JavaScript ist eine Programmiersprache, mit deren Hilfe sich recht komplexe Programme in einer Webseite erstellen lassen. Wenn eine Webseite also Features wie interaktive Buttons, Liveticker, animierte Grafiken und vieles weitere enthält, dann wurde mit großer Sicherheit JavaScript benutzt, um diese Inhalte zu erstellen. JavaScript stellt somit die dritte der drei Standarttechnologien dar, um Webseiten zu erstellen. Die beiden anderen Technologien sind HTML und CSS.

HTML wird genutzt, um einer Webseite Struktur zu verleihen und Inhalte darzustellen. Diese Inhalte können Überschriften, Tabellen, Paragrafen, Bilder und auch Videos sein.

CSS regelt den Stil in dem die Inhalte, die mit HTML erstellt wurden, dargestellt werden. Es ermöglicht uns, Dinge, wie Hintergrundfarbe, Schriftart oder Schriftfarbe und vieles weitere, zu ändern.

JavaScript erlaubt es uns, die Inhalte interaktiv und dynamisch zu gestalten. Wenn Sie also mit dem Mauszeiger über einen Button fahren und dort werden Ihnen dann Inhalte angezeigt, wie zum Beispiel, wie oft dieser Button schon aktiviert wurde, dann steckt JavaScript dahinter. Mit dieser Programmiersprache lassen sich also Inhalte einfacher und effizienter gestalten.

Wir konzentrieren uns in diesem Buch hauptsächlich auf JavaScript, die Grundkenntnisse über HTML und CSS werden hierbei oft vorausgesetzt.

6.1.1.1 Beispiel

Hier einmal ein schönes Beispiel, wie gut die drei Programme zusammenarbeiten. Wir erstellen einen interaktiven Button, bei dem wir unseren Namen ändern können:

Zunächst nutzen wir HTML, um eine Struktur zu bauen.

```
<p>Player 1: Chris</p>
```

Player 1: Chris

Das ist noch recht einfach, als Nächstes nutzen wir CSS-Regeln, um den Satz zu verschönern.

```
P {
    font-family: ´helvetica neue´, helvetica, sans-serif;
    letter-spacing: 1px;
    text-transform: uppercase;
    text-align: center;
    border: 2px solid rgba (0,0,200,0.6);
    background: rgba (0,0,200,0.4);
    color: rgba (0,0,200,0.6);
    box-shadow: 1px 1px 2px rgba (0,0,200,0.4);
```

```
border-radius: 10px;
padding: 3px 10px;
display: inline-block;
cursor: pointer;
}
```

Abbildung 6: Player 1 Ausgabe

Am Ende bauen wir eine Reaktion auf das Anklicken ein, indem wir den folgenden Code mit JavaScript erstellen:

```
var para = document.querySelector('p');

para.addEventListener('click', updateName);

function updateName() {
var name = prompt('Enter a new name');
para.textContent = 'Player 1: ' + name;
}
```

Unser Button sieht zwar noch genauso aus wie vorher, aber wenn wir ihn anklicken, dann öffnet sich ein Fenster, in dem wir den Namen von „Chris" beliebig ändern können.

6.1.2 Unser erstes JavaScript

Wie im oberen Beispiel schon gut zu sehen ist, wird das JavaScript als letzte der 3 Programmiersprachen verwendet. Wir gehen also davon aus, dass wir bereits die Vorarbeiten mit HTML und CSS erledigt haben. Hier bedienen wir uns an dem typischen Beispiel und wollen einen Text mit „Hallo Welt“ programmieren.

6.1.2.1 Position des JavaScript

Der Javacode kann sowohl in der Headline als auch im Bodybereich stehen. Damit der Browser dann auch den Unterschied zwischen HTML und JavaScript erkennen kann, muss der Javacode zwischen den HTML-Tag <script> geschrieben.

1. <script type= "text/javascript">

2. </script>

So kann der Browser den Textcode richtig interpretieren.

Seit der Version HTML5 ist bei <script> das Attribut type= „text/javascript“ nicht mehr notwendig, obgleich es dennoch aus Gewohnheit und für die Übersicht von einigen Programmierern weiterhin dazugeschrieben wird. Es ist aber keinesfalls störend.

Lediglich die Schreibweise

1. <script>

2. </script>

ist zwingend notwendig.

6.1.2.2 Ausgabefunktion „alert“

Um nun unseren Text „Hallo Welt“ wiederzugeben, benutzen wir die alert-Funktion von JavaScript. Das bewirkt, dass auf unserem Bildschirm, in einem Fenster, der Text „Hallo Welt“ zu lesen sein wird.

1. <script>

2. alert ('Hallo Welt');

3. </script>

Hierbei ist darauf zu achten, dass der Text in Anführungszeichen steht, egal, ob doppelte oder einfache Anführungszeichen genutzt werden.

Jetzt wird das Java-Programm gespeichert und kann in unserem Browser geladen werden. Wir sehen nun ein Fenster, in dem die Worte „Hallo Welt" zu lesen sind.

6.1.2.3 Ausgabefunktion auf dem Bildschirm

Um den Text direkt im Browserfenster lesen zu können, benötigen wir einen anderen Befehl. Das sieht dann so aus:

1. <script>

2. document.write('Hallo Welt');

3. </script>

So wird unser Text „Hallo Welt" direkt im Browserfenster wiedergegeben. Wenn wir nun unseren Browser aktualisieren, erhalten wir das gewünschte Ergebnis.

Wir können uns den Quellcode auch direkt im Browser anschauen, indem wir per Rechtsklick das Seitenuntermenü öffnen und dort den Menüpunkt „Quellcode anzeigen" auswählen. Hier erkennt man nun sehr gut, dass der Bodybereich leer ist, was natürlich bedeutet, dass JavaScript auf dem eigenen PC und nicht auf einem Server ausgeführt wird. Es ist also nicht online.

6.1.3 Der Aufbau eines Befehls in JavaScript

Nun haben wir schon einmal zwei Befehle in JavaScript kennengelernt.

Der Befehl zur Ausgabe in einem Fenster (alert) und der Befehl zur Ausgabe direkt im Browser. Doch haben wir kaum etwas zum Aufbau gelesen und können wohl kaum Fehler vermeiden – bis jetzt.

6.1.3.1 Bearbeitungsreihenfolge

Das Programm wird, wenig überraschend, von oben nach unten abgearbeitet.

```
1. document.write('Hallo');

2. document.write('Welt');
```

Aus übersichtlichen Gründen lassen wir in manchen Beispielen das <script> weg, aber zum Programmieren muss es immer dabeistehen!

Es würde nun der Text „Hallo Welt" ausgegeben werden, da das Programm die Befehle, wie gesagt, von oben nach unten abarbeitet. Würde das Programm von unten nach oben arbeiten, hätten wir eine Ausgabe, in der „Welt Hallo" steht. Ginge zwar unter Umständen auch, aber das war nicht unser Plan. Also immer daran denken, von oben nach unten arbeiten!

6.1.3.2 Nur ein Semikolon?

Das unscheinbare Semikolon (;) am Ende eines jeden Befehls ist extrem wichtig. Es dient zur Abgrenzung zu jedem Folgebefehl.

```
1. document.write('Hallo');

2. document.write('Welt');
```

Dass wir für jeden Befehl eine eigene Zeile verwenden, dient lediglich der Übersichtlichkeit. Wir könnten auch alle Befehle in eine Zeile schreiben und würden dennoch die gleiche Ausgabe bekommen, solange die Befehle durch das Semikolon getrennt wurden.

```
1. document.write('Hallo'); document.write('Welt');
```

Für die Trennung der Befehle ist nur das Semikolon verantwortlich. Im folgenden Beispiel würden wir also keine Ausgabe erhalten:

```
1. document.write('Hallo') document.write('Welt');
```

Da hier das Semikolon nach dem ersten Befehl nicht vorhanden ist, bekommen wir also keine Ausgabe, aber auch keine direkte Fehlermeldung. Diese versteckt sich nämlich tief im ausführenden Browser und lautet dann: „Uncaught Syntax Error: unexpected identifier". Später schauen wir uns an, wie wir diese Fehlermeldung zu Gesicht bekommen.

Also merken wir uns erst einmal: Das Semikolon nach jedem Befehl nicht vergessen!

6.1.3.3 Und was steht vor dem Semikolon?

Links neben unserem Semikolon sehen wir einen Text in Klammern und Anführungszeichen gesetzt. Die Anführungszeichen sind sehr wichtig, da unser Text vom Browser andernfalls als eine Variable verstanden würde und nicht als Ausgabetext. In späteren Kapiteln erfahren Sie mehr über Variablen.

6.1.3.4 Die Art der Anführungszeichen

Die Art der Anführungszeichen, ob nun die doppelten (") oder die einfachen ('), ist völlig egal, solange es in einem Befehl immer die gleichen sind. Also wäre es so falsch: ("text').

Bei Microsoft Word und ähnlichen Schreibprogrammen sollte man, da diese Programme automatisch die Anführungszeichen unten setzen, in den "Datei-Einstellungen" > "Dokumentprüfung" unter dem Punkt "Autokorrekturoptionen" > "Autoformat während der Eingabe" das Häkchen bei "gerade Anführungszeichen durch typografische ersetzen" wegmachen. So erhält man immer die Anführungszeichen oben gesetzt. Bei der Fehlersuche kann man sich auch durchaus einmal auf die gesetzten Zeichen konzentrieren, denn schnell arbeitet man sich einen

Schusselfehler in den sonst perfekten Programmcode durch falsche Zeichen, wie zum Beispiel durch Anführungszeichen, ein.

Vor unserem Text in Klammern und Anführungszeichen ("text") steht dann der JavaScript-Befehl, der bestimmt, was mit unserem Text passieren soll.

6.1.3.5 Leerzeichen

Wenn wir ein Leerzeichen zwischen unserem ausgegebenen Text brauchen, dann setzen wir dieses auch in den Text zwischen den Anführungszeichen.

```
1. document.write('Hallo');
2. document.write(' Welt');
```

6.1.4 Fehlersuche

Da JavaScript oftmals zum Programmieren von Webseiten genutzt wird, ist es ganz hilfreich, dass Fehlermeldungen nicht direkt auf der Webseite angezeigt werden. Sonst wäre jeder Programmierfehler für jeden Besucher sofort sichtbar und das möchte man nicht so gern. Daher gibt es für die meisten Browser, wie zum Beispiel für den Chrome-Browser von Google, einen externen Bereich, den man für die Fehlerausgabe aufrufen kann. Dieser Bereich ist nicht nur für die Fehlersuche gedacht, auch finden wir hier detaillierte Informationen über die Ausgabe von Variablen und Arrays.

6.1.4.1 Console in Google-Chrome

Die Console in Chrome kann auf drei verschiedene Arten aufgerufen werden, da diese vorher nicht sichtbar ist. Dabei ist es egal, welche Methode man benutzt.

Die Console über das Menü aufrufen

Rechts neben dem Feld zur Eingabe der Web-Adresse befindet sich der allgemeine Menü-Button. Drei untereinanderstehende Punkte markieren diesen Button, sicher kennen Sie dieses Feld bereits. Klicken wir diesen Button an, erscheint ein kleines Untermenü. Neben den Menüpunkten "Neuer Tab" und "Drucken" findet sich darunter auch der Punkt "weitere Tools", den wir anklicken. Im nächsten Untermenü finden wir nun einen Menüpunkt namens "Entwicklertools", über den wir unsere Console öffnen können.

Tastenkombination
Schneller gelangt man in die Console über die Tastenkürzel F12 oder STRG + Umschalttaste + J

Mit der Maus
Wir können das Entwicklertool auch ganz einfach über einen Rechtsklick in das Browserfenster öffnen. Im Untermenü wählen wir den Punkt "Untersuchen" aus, dann öffnet sich das Entwicklertool.

6.1.4.2 Fehlerausgabe anzeigen
Wie Sie sich sicherlich erinnern, haben wir vorhin bereits einen Fehler in unsere Übung eingebaut: Das fehlende Semikolon bei der Schreibweise in einer Zeile.

```
1. document.write('Hallo') document.write('Welt');
```

Der Browser reagiert erst einmal nicht darauf, doch in der Console können wir den Fehler sehen.

Rufen wir also die Console auf und lassen das Programm erneut ablaufen. Das geht ganz einfach über eine weitere Tastenkombination: Umschalttaste + F5 oder STRG + Umschalttaste + R.

Beim erneuten Laden der Seite wird das Java-Programm neu ausgeführt und im Cache gespeicherte Inhalte werden ignoriert.

Jetzt gibt uns die Console eine Fehlermeldung aus. Sie lautet: "Uncaught SyntaxError: Unexpected identifier".

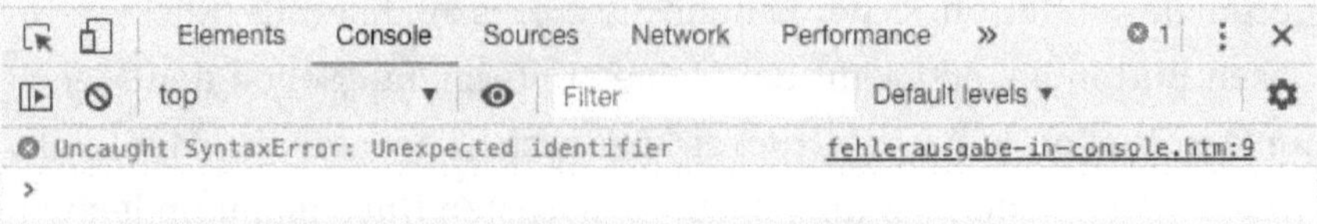

Abbildung 7: Uncaught SyntaxError: Unexpected identifier

Rechts daneben finden wir den Dateinamen und die Zeilennummer des Fehlers.

Mit einem Klick auf den Dateinamen wird uns der Code angezeigt. Der Reiter "Sources" im Entwicklertool wird aktiviert und uns wird die Zeile mit dem Fehler im Quellcode hervorgehoben.

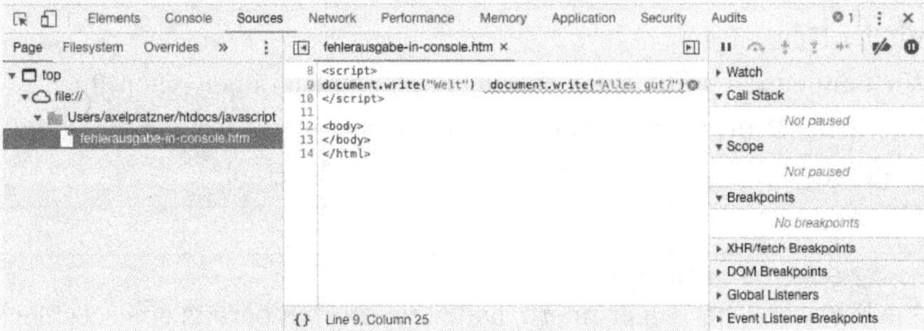

Abbildung 8: Visualisierung des Fehlers

Es ist gut, das Entwicklertool stets im Auge zu behalten und es uns als kleines Fenster zur Hilfestellung stehts geöffnet zu lassen. Hierfür kann man ganz einfach im Consolenfenster (nicht im Browserfenster) die drei Punkte zum Aufrufen des Menüs anklicken und den obersten Punkt "Dock Site" anwählen. Immer, wenn wir unseren Browser neu laden, aktualisiert sich ebenfalls das Consolenfenster.

6.1.5 Variablen in JavaScript

Wir können in JavaScript Variablen erstellen und nutzen. In den nächsten Beispielen schauen wir uns an, wie Variablen aussehen, diese

Beispiele machen anfangs nicht sehr viel Sinn, doch später können weitere großartige Features hinzugefügt werden. Zum Beispiel können wir eine von der Uhrzeit abhängige Variable einfügen, sodass das Programm sich je nach Uhrzeit anders verhält.

Um eine Variable festzulegen, vergeben wir ihr zuerst einen (fast) beliebigen Namen. Es gibt auch Ausnahmen für nicht-mögliche Namen, doch am Anfang ist das nicht so wichtig. Also erstellen wir für den Anfang eine Variable und im zweiten Schritt füllen wir sie dann mit unserem Inhalt. Es gibt gleich zwei Befehle dafür, einen alten Befehl und auch einen neuen. Den Unterschied schauen wir uns später an, denn zunächst machen beide Befehle das Gleiche.

6.1.5.1 Erstellen und definieren einer Variable

Um nun eine Variable zu definieren, wird entweder der alte Befehl "var" oder der neue Befehl "let" eingesetzt.

Variante "alt":

```
1. <script>
2. var inhalt;
3. </script>
```

Variante "neu":

```
1. <script>
2. let inhalt;
3. </script>
```

Javascript erkennt nun, dass es eine Variable mit dem Namen "inhalt" gibt.

Bei den folgenden Beispielen arbeiten wir mit der neuen Variante "let". Den Unterschied schauen wir uns, wie gesagt, später an.

6.1.5.2 Variable einen Inhalt hinzufügen

Nun haben wir bereits eine Variable definiert und dem Programm mitgeteilt. Doch abgesehen von dem Wort "inhalt" fehlt jeder weitere Inhalt. Also fügen wir der Variable nach dem Definieren einen Wert zu.

```
<script>
let inhalt;
inhalt = "Hallo Welt";
</script>
```

Nach dem Gleichheitszeichen fügen wir der Variablen den Text "Hallo Welt" zu. Wichtig sind hier wieder die Anführungszeichen, doppelte oder einfache, macht keinen Unterschied, solange es die gleichen Paare sind.

Im Folgenden können wir nun die Variable auf dem Bildschirm wiedergeben.

```
<script>
let inhalt;
inhalt = 'Hallo Welt';
document.write(inhalt);
</script>
```

So wird auf unserem Bildschirm der Text "Hallo Welt" ausgegeben. Wir können auch noch weiter mit der Variable arbeiten und zum Beispiel Berechnungen durchführen und vieles mehr, aber dazu später mehr. Schauen wir uns als Nächstes an, wie wir die Variablen richtig anwenden.

6.1.5.3 Variablen in einer Zeile definieren und einen Wert zuweisen

Wir beginnen mit "let", dann folgt der Variablenname und die Zuweisung des Inhalts. Dazwischen schreiben wir ein Gleichheitszeichen.

Auf dem Bildschirm wird nun, anstelle unseres ganzen Textes, der Variablenname ausgegeben.

```
1. <script>
2. let inhalt = 'Hallo Welt';
3. document.write(inhalt);
4. </script>
```

Wir könnten das ""let" weglassen, um eine globale Variable zu erzeugen, allerdings ist hier Vorsicht geboten, denn so könnten unvorhersehbare Probleme auftreten. Dazu allerdings später mehr, denn grundlegend wäre diese Schreibweise auch möglich.

```
1. <script>
2.  inhalt = 'Hallo Welt';
3. document.write(inhalt);
4. </script>
```

Wir sollten prinzipiell keine globalen Variablen verwenden, wenn wir keine globalen Variablen benötigen.

6.1.5.4 Groß- und Kleinschreibung von Variablennamen

Wir müssen beim Schreiben auf die Groß- und Kleinschreibung achten, denn Variablennamen sind "casesensitiv", das heißt, dass der Variablenname "eigenevariable" eine andere als "eigeneVariable" ist.

Hier ein Beispiel in der Ausgabe:

```
1. let eigenevariable = "Hallo";
```

2. let eigeneVariable = "Welt";

3. alert (eigenevariable);

Dementsprechend ist es sehr wichtig, auf die Schreibweise zu achten. Manche Texteditoren schlagen Ihnen bestimmte Wörter, die öfter geschrieben werden, gleich vor. So spart man Zeit und Schreibfehler. Tolle Sache.

6.1.5.5 "let" und "var", einige Unterschiede

Um leichter fehlerfreie Programme zu erstellen, sollten wir den "let"-Befehl nutzen, denn dieser ist deutlich klarer definiert als der "var"-Befehl. "let"-Befehle können beispielsweise nur einmal eine Variable definieren, während das Programm die doppelte Verwendung von "var" nicht oder nur bedingt erkennt. Wird "let" mehrmals verwendet, bekommen wir eine Fehlermeldung. Auf diese Weise können wir uns vor Fehlern im Programm schützen.

Weitere Unterschiede klären wir wieder, wenn wir bei dem Thema "Funktionen" ankommen, denn dort verstehen wir sie besser.

6.1.6 Der "Strict Mode"

In JavaScript gibt es einen Modus, der auf Fehler hinweisen kann. Dieser "Strengere Modus" ist bestens geeignet um das "richtige" Programmieren, ohne sich selbst Fehler beizubringen, zu erlernen. Da JavaScript in sich sehr fehlertolerant ist, was sicher zu der Beliebtheit und dem Erfolg beiträgt, eignet sich der "strict mode" aber durchaus auch für Profis, um eine saubere Arbeit abzuliefern. So lassen sich schon während des Schreibens Fehler schneller erkennen und korrigieren.

6.1.6.1 Aktivieren des "strict mode"

Der "strict mode" lässt sich entweder für das gesamte Programm oder nur für einzelne Teile einschalten. Um den Modus zu aktivieren, setzen wir den entsprechenden Befehl an den Anfang unseres Scripts.

1. 'use strict';

2. let x = 42;

Um JavaScript besser zu lernen, sollten wir den "strict mode" am besten immer für das gesamte Programm laden, um auf alle Fehler hingewiesen zu werden. Ältere Browser benötigen die Anführungszeichen, egal, ob einzeln oder doppelt, da diese die Anweisung ansonsten nicht erkennen können und sie ignorieren.

6.1.6.2 Auswirkungen

Ist der "strict mode" aktiviert, müssen wir die Variablen immer deklarieren, also mit "let" oder "var" versehen. Im Folgenden sehen wir einen nicht-deklarierten Code, der ohne den "strict mode" durchaus funktionieren würde. Wir reden hier von einer schlampigen Arbeit, die anfälliger für Fehler ist.

1. 'use strict';

2. inhalt = 'Hallo Welt';

In diesem Code fehlt zwar die Deklaration, doch ohne den "strict mode" würde dieser dennoch funktionieren. Durch den "strict mode" und dessen strengere Kontrolle bekommen wir aber direkt eine Fehlerausgabe zu sehen.

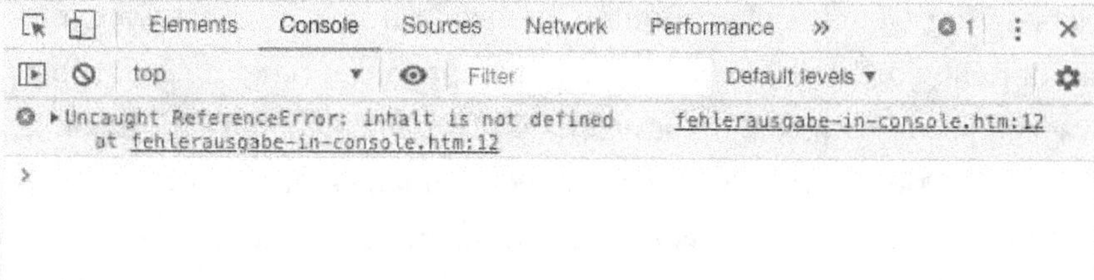

Abbildung 9: Inhaltsfehler

Das Browserfenster (Google Chrome) stellt nichts dar und in der

Console bekommen wir eine Fehlermeldung. Die Meldung kann natürlich in anderen Browsern anders aussehen.

Für den "strict mode" richtig dargestellt und damit sicherer sollte der Code also mit "let" oder "var" deklariert werden. Das sollte dann so aussehen:

```
1. 'use strict';
2. let inhalt = 'Hallo Welt';
```

Der "strict mode" hat noch mehr Funktionen, mit denen wir uns aber an dieser Stelle nicht durcheinanderbringen wollen. Weitere Auswirkungen klären wir an angemessener Stelle in späteren Kapiteln.

6.1.7 Kommentare

Kommentare helfen Ihnen, sich in Ihrem Quellcode zurechtzufinden, und verweisen auf mögliche Fehlerquellen.

6.1.7.1 Befehle kommentieren und Bereiche auskommentieren

Durch Kommentare können wir in JavaScript, wie auch in anderen Programmiersprachen, einzelne Bereiche ausgrenzen und für eine bessere Übersicht sorgen. Mit Kommentaren finden wir uns später wieder schneller und leichter zurecht, wenn wir zum Beispiel Monate später unseren Code betrachten und ihn nochmals überarbeiten oder erweitern wollen. Sie können auch dabei helfen, in Gruppenarbeiten den Überblick zu behalten, wer einen bestimmten Quellcode erstellt hat oder wann dieser erstellt worden ist. Manchmal staunt man Jahre später noch darüber, was man da eigentlich damals erschaffen hat, und ist dann sehr dankbar über jeden kleinen Hinweis, den man bekommen kann. Erklärende Kommentare helfen uns also, uns zurechtzufinden. Auch wenn wir noch beim Erlernen von JavaScript sind, helfen uns die Kommentare, nachzuvollziehen, wozu ein Befehl eigentlich da ist. Einzelne Bereiche auszukommentieren hilft uns dabei, in aufwendigeren Arbeiten einzelne Zeilen auszuschalten, um eine bessere Übersicht bei der Fehlersuche zu bekommen.

6.1.7.2 Eine Zeile auskommentieren

Einen einfachen Kommentar hinzuzufügen, um beispielsweise die Übersichtlichkeit zu verbessern, ist ganz leicht. Wir erstellen einen Kommentar, indem wir in einer Zeile mit zwei Schrägstrichen (meist "Umschalttaste" + "7") beginnen. Diese Schrägstriche werden "Slash" genannt. Dies kennen Sie vielleicht bereits aus anderen Programmiersprachen.

```
1. //
```

6.1.7.3 Einen Bereich auskommentieren

Um einen ganzen Bereich, also mehrere Zeilen, auszukommentieren, müssen wir etwas anders vorgehen. Doch auch dies ist ganz leicht. Wir müssen lediglich unseren gewünschten Bereich in /* und */ setzen. Den Stern bekommen wir durch die Tastenkombination aus "Umschalttaste" + "+".

```
1. /*
2. auskommentierter Bereich, der auch mehrere
3. Zeilen lang sein kann
4. */
```

6.1.7.4 Ein kleines Beispiel, um einen Kommentar in JavaScript hinzuzufügen

```
1. <h1>Beispiele zu kommentieren</h1>
2. <script>
3. document.write(" Hallo ");
4. document.write(" runde ");
```

```
5. // Begrüßung
6. document.write(" Welt ");
7. </script>
```

Um die Befehle im Quellcode unsichtbar zu machen, benutzen wir dieselben Befehle. Im nächsten Beispiel sprechen wir vom Auskommentieren, hier wird das Wort "Welt" in der Programmausführung deaktiviert.

6.1.7.5 Ein Beispiel, um einen Befehl in einer Zeile auszukommentieren

```
1. <h1>Beispiel zu kommentieren</h1>
2. <script>
3. document.write(" Hallo ");
4. document.write(" runde ");
5. // document.write(" Welt ");
6. </script>
```

6.1.7.6 Und noch ein Beispiel, um einen ganzen Bereich auszukommentieren

```
1. <h1>auskommentieren mehrerer Zeilen</h1>
2. <script>
3. document.write(" Hallo ");
4. /*
5. document.write(" runde ");
6. document.write(" Welt ");
7. */
8. </script>
```

6.1.8 Debugging

Der JavaScript Debugger ermöglicht es Ihnen, schrittweise durch den JavaScript-Code zu gehen und dabei seinen Zustand zu sehen und zu verändern, um Fehler im Code einfacher zu finden.

6.1.8.1 Kontrollausgabe mit der Konsole

War da nicht noch etwas mit der Konsole? Richtig! Die Konsole kann mehr. Im Folgenden wollen wir uns einmal anschauen, was die Konsole denn noch so kann. Dafür lassen wir uns verschiedene Kontrollwerte anzeigen.

Bisher haben wir uns die Fehler mit Hilfe der "alert"-Funktion anzeigen lassen, doch der Nachteil ist, dass wir dazu für jeden Durchgang das Programm stoppen müssen. Wir wollen aber vielleicht lieber das Programm weiterlaufen lassen und selbst festgelegte Inhalte unserer Variablen anzeigen lassen, ohne den Ablauf zu Pausieren.

Um bei Google Chrome unter Windows die Konsole aufzurufen, nutzen wir wieder die Tastenkombination "Strg" + "Umschalt." + "J". Bei anderen Browsern und Betriebssystemen können die Tastenkombinationen anders sein.

6.1.8.2 Ausgabe in der Konsole über einen JavaScript-Befehl

Es gibt zwei verschiedene Befehle, um eine Ausgabe in der Konsole zu erhalten:

- console.log();
- console.info();

Am häufigsten verwendet wird die console.log()-Methode. Zwischen den Klammern gibt man einen Text in Anführungszeichen ein, der dann ausgegeben wird, oder wir setzen hier den gewünschten Variablennamen ein. Durch das Einsetzen des Variablennamens wird der Inhalt der Variable ausgegeben, der ihr zugewiesen ist.

Beispiel:

```
1. 'use strict';

2. var inhalt;

3. inhalt = 'Hallo Welt';

4. console.log("Hier eine Ausgabe in die Konsole");

5. console.log(inhalt);
```

Die console.log()-Methode ist aber bei der Verwendung für mehrere Variablen recht unübersichtlich. Für eine bessere Übersicht verwenden wir lieber die console.info()-Methode.

```
1. 'use strict';

2. var inhalt;

3. inhalt = 'Hallo Welt';

4. console.log("Hier eine Ausgabe in die Konsole");

5. console.log(inhalt);

6. let zahla = 12;

7. let zahlb = 7;

8. console.info('Inhalt von zahla:', zahla, ' / Inhalt der zahlb', zahlb);
```

So können wir unsere Variablen gleich mit einer Beschreibung ausstatten, um für eine bessere Übersicht zu sorgen. In der Konsole sieht die Ausgabe dann so aus:

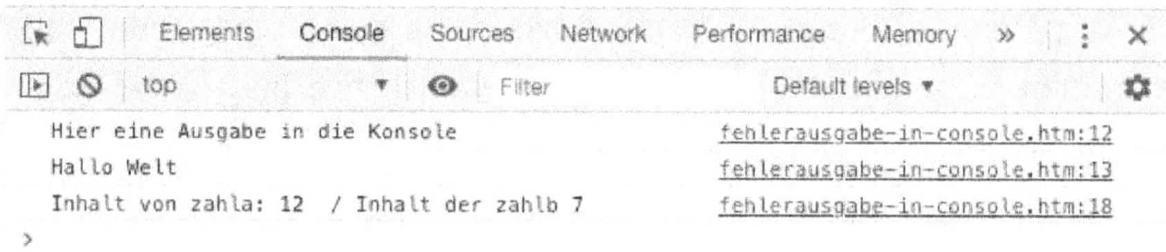

Abbildung 10: Konsolenausgabe

6.1.8.3 Befehle in der Konsole ausführen

Innerhalb der Konsole können wir nach dem ">"-Zeichen einen Befehl eingeben. So können wir weiterhin die Variablenwerte im Auge behalten, während das Programm ausgeführt wird. Wir können also direkt in der Konsole den Inhalt einer Variablen abfragen, indem wir den Befehl console.log(variablenname) nach dem ">" eingeben.

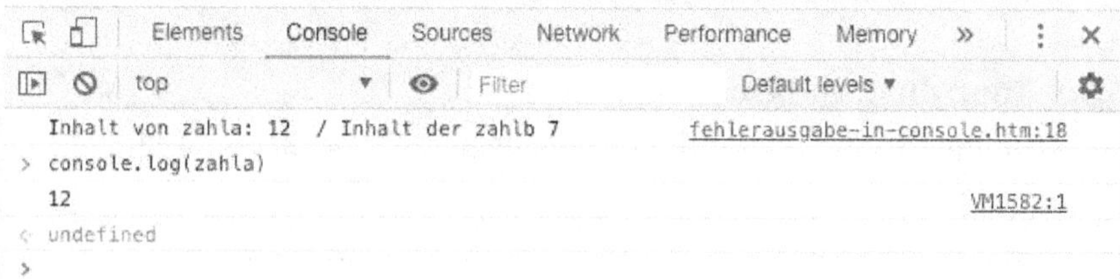

Abbildung 11: Ergebnisausgabe in der Konsole

In dieser Konsole sehen wir nach der Ausgabe des Ergebnisses zusätzlich auf der rechten Seite die Ausgabe von "VM", gefolgt von einer Nummer.

6.1.8.4 Über die Konsole eine Variable ändern

Wir haben die Möglichkeit, Variablen direkt über die Konsole zu ändern. Jetzt fragen wir uns, warum wir dies tun sollten. Das würde doch nur Sinn machen, wenn man das Programm an einer bestimmten Stelle anhalten könnte, oder? Richtig. Genau das kann man mit der Konsole tun. Doch wirklich sinnvoll wird dies erst, wenn wir uns mit dem Thema

"Breakpoints" befassen. So können wir das Programm an einer bestimmten Stelle anhalten, eine Variable einfach bearbeiten und dann weiterlaufen lassen, um zu sehen, was passiert.

Beispiel: Hier wurde die Variable "zahlc" eingefügt, einem Wert zugewiesen und dann abgefragt.

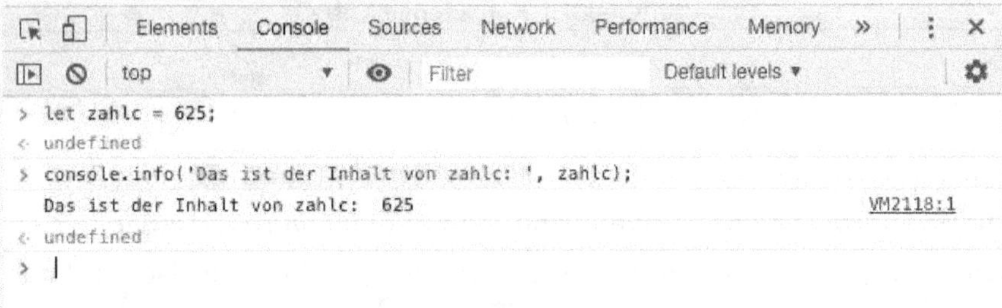

Abbildung 12: Beispiel Inhaltsabfrage

6.1.9 Kontrollausgabe mit Firebug

Wir können Firebug zur Kontrolle einsetzen. Im Folgenden erzeugen wir eine Ausgabe:

```
console.log('Hallo')
```

Wenn wir nun Firebug im Browser aufrufen, erscheint die Ausgabe "Hallo" in der Konsole. Dies funktioniert natürlich auch mit Variablen.

```
<script>
function ausgabe(vorname) {
alert('JavaScript-Tutorial für ' + vorname +
' - jetzt JavaScript lernen');
}
var name = 'Sonja';
ausgabe(name);
```

```
console.log(name)
</script>
```

In der Ausgabe der Firebug-Konsole sehen wir nun "Sonja".

Text und Variablen können auch gemischt werden.

```
<script>
function ausgabe(vorname) {
alert('JavaScript-Tutorial für ' + vorname +
' - jetzt JavaScript lernen');
}
var name = 'Sonja';
ausgabe(name);
console.log('Inhalt der Variable außerhalb der Funktion:'+ name)
</script>
```

6.1.10 CSS

In diesem etwas längeren Abschnitt wird die Kurve zu jQuery gebogen. Wir kommen nun endlich zum spannenden Teil! Während HTML sich vorrangig um die Strukturierung einer Webseite kümmert und JavaScript die Funktionalitäten bereitstellt, geht es beim CSS um das Design. Jeder Webdesigner sollte sich mit CSS beschäftigen, denn die richtig individuellen Designs gehen über die klassischen Pagebuilder hinaus und werden nur mit Hilfe von CSS realisiert.

Ohne CSS würden alle Webseiten ziemlich langweilig aussehen, aber zum Glück ist CSS sehr leicht zu erlernen. Wenn Sie wollen, können Sie auch mit dem Inspector-Tool von Google Codes analysieren und die CSS-Eigenschaften ändern. So habe ich anfangs ein Gefühl für CSS entwickelt und herausgefunden, welche Parameter man für bestimmte Eigenschaften einsetzen kann.

Auch beim Arbeiten mit größeren Plattformen wie Shopify füge ich stets meine eigene CSS-Datei hinzu, um schnell und übersichtlich visuelle Tweaks zu realisieren. Mit CSS kann ich verschiedene Schriftarten benutzen, verschiedene Farben verwenden, Elemente verschieben und Hintergründe festlegen.

6.1.10.1 Erste Übungen

Um CSS benutzen zu können, gibt es drei verschiedene Arten:

Die erste Möglichkeit ist es, im HTML-Dokument auf das CSS-Dokument zu verweisen. Hierfür müssen Sie im Header der Webseite folgende Zeile einfügen:

```
<link rel="stylesheet" type="text/css" href="customcss.css">
```

Sie verlinken damit ein Dokument, das als „stylesheet" vom Typ text/css definiert wird. Die Datei hat dabei den Namen customcss.css. Bitte achten Sie darauf, dass sich die CSS-Datei im gleichen Ordner befindet und den richtigen Namen trägt. Ich habe mir diese Zeile als Haftnotiz aufgeschrieben, denn ich benutze diese bei jedem Projekt. Sie können dann in der CSS-Datei visuelle Änderungen vornehmen, die die ganze Webseite betreffen, wenn Sie jedes HTML-Dokument mit dem CSS-Dokument verlinken! Und dabei müssen Sie nur eine einzige Datei bearbeiten!

Ein weiterer Vorteil ist, dass Sie weniger Code haben und somit auch kleinere Dateien und schnellere Ladezeiten entwickeln. Ladezeiten sind extrem wichtig für den User, denn lange Ladezeiten bringen den User dazu, die Seite wieder zu verlassen.

Die zweite Möglichkeit ist es, nach dem Header der Webseite style-Tags einzufügen. Zwischen diesen style-Tags haben Sie die Möglichkeit,

CSS-Codes einzufügen. Diese Änderungen betreffen dann nur das HTML-Dokument.

Beispiel:

```
<!DOCTYPE html>
<html lang="en" dir="ltr">
 <head>
<meta charset="utf-8">
<meta name=”description” content=”10 leckere Rezepte für einen Grill-
abend” />
<meta name=”keywords” content=”Grillen, Rezepte, gesundes Grillen”
/>
<meta name=”robots” content=”nofollow” />
<meta name=”author” content=”John Smith” />
  <title></title>
<style>
h1 {
color: green;
text-align: center;
}
</style>
 </head>

 <body>
<h1> Diese Überschrift ist grün </h1>
```

```
 </body>
</html>
```

Direkt im head-Tag haben wir den style-Tag eingefügt. In diesem Tag ist die Syntax anders, denn hier wird CSS geschrieben. Wenn Sie sich die Zeilen ansehen, wird Ihnen aber schnell bewusst, dass CSS wirklich sehr einfach ist. Ohne sich je mit CSS beschäftigt zu haben, werden Sie verstehen, dass h1 eine grüne Farbe hat und dass der Text zentriert ist. Wenn Sie eine beliebige Webseite mit dem Inspektor-Tool von Google betrachten, können Sie ausprobieren, was passiert, wenn Sie den Parameter verändern und beispielsweise statt der grünen Farbe „red" ausprobieren, oder was passiert, wenn Sie einen Hexcode verwenden. Für den Anfang können Sie da gerne ausprobieren. Wenn sich nichts ändert, ist der Parameter mit hoher Wahrscheinlichkeit nicht gültig.

Sie können CSS auch direkt im HTML-Element definieren. Hier wird dann tatsächlich nur ein Element verändert. Ich mache es, wenn es schnell gehen soll, allerdings ist dies nicht empfehlenswert, wenn Sie einen übersichtlichen Code haben möchten. Vor allem, wenn Sie komplexere Webseiten haben oder viele Attribute, die Sie einem Element zuordnen möchten, wird es sehr schnell unübersichtlich. Die beste Methode ist daher, wenn Sie Struktur und Style deutlich unterscheiden können. Hier ist ein Beispiel für das direkte Einfügen von CSS im HTML-Element:

```
<h1 style="color: blue; text-align: center;"> Diese Überschrift ist rot
</h1>
```

Was passiert denn nun, wenn Sie alle drei Varianten verwenden? Welche Variante wird bevorzugt? Im Grunde genommen wird das direkte Einfügen von CSS ins HTML-Element bevorzugt, danach entweder die externe CSS-Datei oder das CSS im style-Tag. Das CSS, das sich als letztes im Header befindet, wird vom Browser übernommen, denn er überschreibt damit das CSS, das als Erstes genannt wurde. Wenn Sie also eine CSS-Datei haben, in der Sie definieren, dass Ihre Überschrift rot ist, aber im Header danach im Style-Tag die Farbe der Überschrift in grün umgeändert wird, wird die Überschrift im Browser grün angezeigt. Sie können den Zusatz !important benutzen, wenn Sie nicht möchten, dass eine Eigenschaft überschrieben wird. Beispiel: h1 {color: red !important;}

CSS in Action:

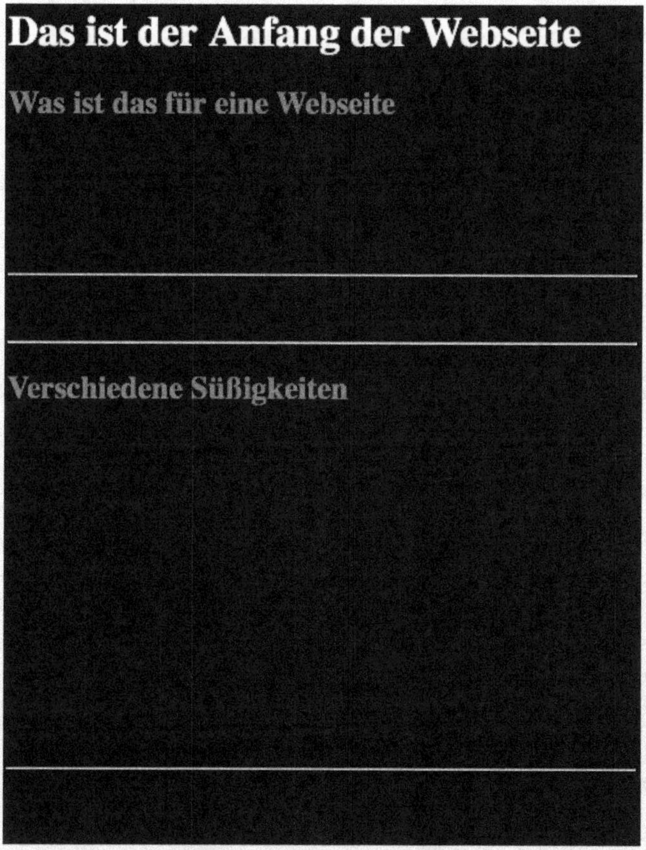

Abbildung 13: CSS in Aktion

```
<!DOCTYPE html>
<html>
<head>
 <link rel="stylesheet" type="text/css" href="customcss.css">
</head>
<body>
<h1 id="top"> Das ist der Anfang der Webseite</h1>
<h2>Was ist das für eine Webseite</h2>
<p>
 Hier findest du coole Sachen über coole Sachen.
</p><br><br><br>
<hr>
<p>Vergiss nicht, dich für den Newsletter anzumelden</p>
<hr>
<h2>Verschiedene Süßigkeiten</h2>
<br>
<ul>
 <li>Keks</li>
 <li>Schokolade</li>
 <li>Gummibärchen</li>
 <li>Marshmallows</li>
 <li>Jelly Beans</li>
 <li>Mozartkugeln</li>
```

```
  <li>Pralinen</li>
  <li>Eis</li>
</ul><br><br><br>
<hr><br><br><br>
<h2>Ich will wieder nach oben</h2>
<p>Kein Problem! <a href="#top"> Klick hier </a></p></body>
</html>
```

Übung:

Versuchen Sie, dieses HTML-Dokument mit Hilfe einer CSS-Datei, wie gezeigt, zu designen.

Lösung:

```
#top {color: white;}
h2 {color: grey;}
body {background-color: black;}
```

6.1.10.2 Anatomie von CSS

Mit CSS verändern Sie das Aussehen von HTML-Elementen. Das bedeutet, dass Sie im CSS-Dokument spezifizieren müssen, welches bestimmte HTML-Element verändert werden soll. Sie benötigen also stets einen Selector, also das HTML-Element, und eine Regel, also unter anderem, welche Farbe oder Schriftart verwendet werden soll.

```
h1 {
color: red;
text-align: center;
```

```
}
```

In diesem Beispiel ist h1 der Selector. Alles in der geschweiften Klammer sind die Regeln. Jede Regel wird mit einem Strichpunkt beendet und besteht aus Eigenschaft und Wert. Sie können für den Selector auch mehrere HTML-Elemente kombinieren, wie hier:

```
h1, h2, h3 {
color: red;
text-align: center;
}
```

Natürlich können Sie den Namen des HTML-Elementes einfach als Selector benutzen (also wie hier h1). Aber es gibt noch weitere Varianten.

Wenn Sie sämtliche Elemente verändern möchten, das heißt alle HTML-Elemente in einem Dokument, benutzen Sie diesen Selector: *. Beispiel:

```
* {
Background-color: red;
}
```

Außerdem können Sie ganze Klassen verändern. Erinnern Sie sich noch, dass einzelne HTML-Elemente in Klassen gruppiert werden können? Wenn Sie also im HTML-Dokument eine Klasse namens „formular" definiert haben, können Sie die gesamte Klasse so verändern. Hierzu setzen Sie vor der Klasse einen Punkt – einfach, oder?

```
.formular {
Background-color: red;
}
```

Wenn Sie nur ein bestimmtes Element in der Klasse verändern möchten, beispielsweise nur die Überschriften mit der Klasse „formular", müssen Sie das HTML-Element vor dem Punkt erwähnen. Dies hat den Vorteil, dass Sie nicht sämtliche Überschriften im Dokument visuell verändern, sondern nur die Überschriften mit der bestimmten Klasse.

```
h1.formular {
background-color: red;
}
```

Das Gleiche gilt natürlich auch für Identitäten, also IDs. Den Punkt von der Klasse tauschen Sie hier mit einem Hashtag (#) aus. Haben wir zuvor die ID „formular1" definiert, können wir das Element folgendermaßen ändern:

```
#formular1 {
Background-color: red;
}
```

6.1.10.3 CSS: Farben

Farben können im CSS-Dokument auf verschiedene Weise definiert werden. Jede Farbe auf einem Computerbildschirm besteht aus den Farben rot, grün und blau. Jedes Element, das Sie auf dem Bildschirm sehen, besteht aus Pixeln – kleinste Bestandteile, die Sie beim starken Vergrößern sehen können. Um eine Farbe auszusuchen, können Sie Tools verwenden, die Ihnen dabei helfen, eine Auswahl zu treffen. Praktischerweise können Sie bei Google direkt das „color picker tool" verwenden und erhalten dann in der Suchmaschine ein Tool, mit dem Sie verschiedene Farben generieren können. Sie bekommen dann auch die Farben als Hexcodes oder als RGB-Wert. Diese Werte werden wir später noch sehr oft brauchen.

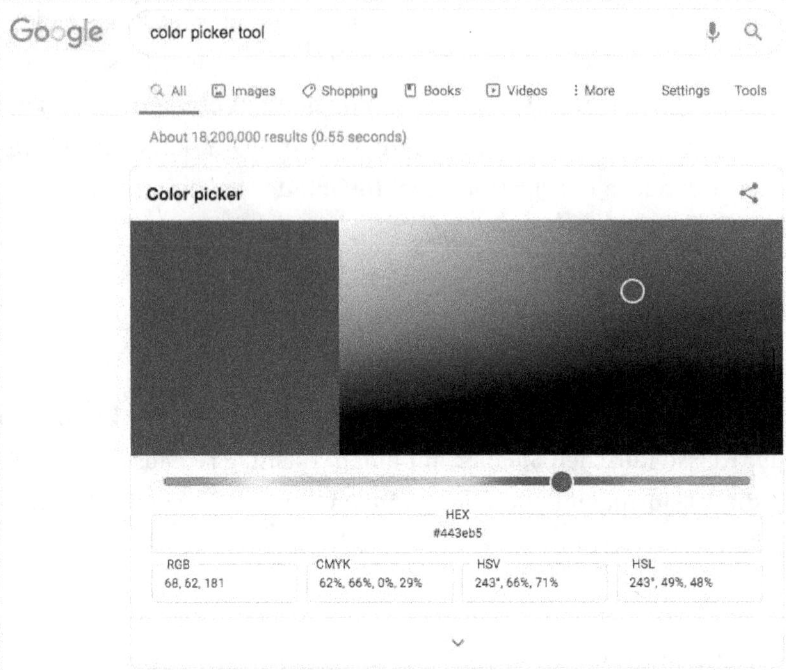

Abbildung 14: color picker tool

Die beste Variante ist es, einfach den Hexcode zu verwenden. Hexcodes sind sechsstellige Codes, die nach einem Hashtag folgen. Die Ziffern beziehungsweise Buchstaben deuten an, wie hoch der Anteil von den Farben rot, grün und blau ist. Jeder Code ist eindeutig und die Anwendung ist sehr einfach. #ffffff ist der Code für die Farbe weiß und #000000 ist der Code für die Farbe schwarz. Sie können bei Farben, die aus nur einer Ziffer oder einem Buchstaben bestehen, auch abkürzen, also statt #ffffff können Sie #fff verwenden oder statt #000000 können Sie #000 verwenden. Ich benutze gerne die Seite color-hex.com, um mir Inspirationen für Farben zu holen oder schnelle Codes zu generieren.

Eine weitere Möglichkeit ist es, einfach den Namen der Farbe zu benutzen. Dies ist eine gute Möglichkeit, wenn es sich um einfache Farben wie schwarz, weiß oder rot handelt. Es wird dann deutlich schwieriger, wenn Sie ein helleres Rot haben möchten oder generell speziellere Farben benutzen. Es gibt 147 definierte Namen in CSS, die Sie sich hier ansehen können: http://www.colors.commutercreative.com/grid/. Ich benutze diese Namen lediglich, wenn ich einfache Farben wie weiß, schwarz oder grau benutze oder wenn es nebensächlich ist, welche Farben benutzt werden, weil ich lediglich das Backbone der Webseite erstelle und noch im Entwicklungsmodus bin.

Neben den beiden Varianten können Sie auch RGB-Werte verwenden. RGB-Werte sind mathematisch berechnete Werte, die aussagen, wie viel Rot, Grün und Blau verwendet wurde, um die Farbe zu kreieren. RGB besteht also aus drei verschiedenen Zahlen. Ich benutze RGB ungern, aber es gibt viele Webseiten, die diese Werte noch benutzen. Eine gute Eigenschaft ist, dass Sie den RGB-Wert direkt mit der Transparenz verbinden können. Wenn Sie also ein Element transparenter machen möchten, können Sie hinter den drei Zahlen eine vierte Zahl benutzen, die die Transparenz verdeutlichen soll. Diese Zahl hat einen Wert zwischen 0 und 1, wobei 0 komplett transparent ist. Beispiel: rg(0,0,0,0.5) ist eine schwarze Farbe mit 50 % Transparenz.

Hier ist ein Beispiel, wie Sie auf verschiedene Weise die Farbe schwarz auswählen können:

```
h1 {
color: black;
}
h1 {
color: #000000;
}
h1 {
```

```
color: rgb(0,0,0);
}
```

Sie können für jedes Element auch eine Hintergrundfarbe definieren. Wenn Sie sich jetzt fragen, wie eine Überschrift eine Hintergrundfarbe haben sollte, sollten Sie dich daran erinnern, dass alle HTML-Elemente aus „Kästen" bestehen. Die Überschrift befindet sich demnach auch in einem Kasten, der genauso lang ist wie die Webseite. Es wird also nicht lediglich der Text der Überschrift mit einer Hintergrundfarbe versehen, wie es beispielsweise beim Markieren üblich ist, sondern der gesamte Kasten, in dem sich die Überschrift befindet.

Hier habe ich beispielsweise alle h2-Überschriften mit einer roten Hintergrundfarbe hinterlegt.

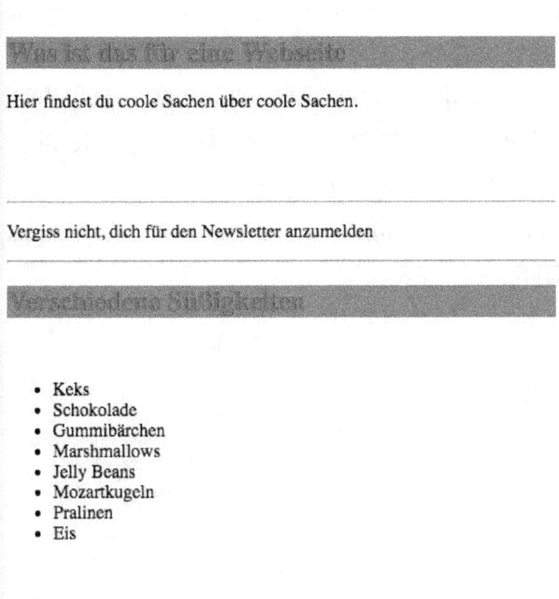

Abbildung 15: h2-Überschriften mit rotem Hintergrund

Wenn Sie keine Hintergrundfarbe definieren, ist der Hintergrund im Regelfall transparent.

Manche Browser haben eine eigene Hintergrundfarbe. Wenn Sie also sicherstellen wollen, dass die Hintergrundfarbe weiß ist, ist es besser, wenn Sie diese in Ihrem CSS-Dokument definieren.

Ein ebenso wichtiger Aspekt für das Design Ihrer Webseite ist der Kontrast. Ich habe schon viele Webseiten gesehen, auf denen lediglich schöne Farben ausgesucht wurden, aber der Aspekt des Kontrastes grundsätzlich ignoriert wurde.

Ein schlechter Kontrast ist aber nicht gut, denn für den User ist es dann anstrengender, wichtige Sachverhalte zu verstehen. Im schlimmsten Fall wird er auch einfach die Seite verlassen. Es geht hier auch darum, dass Ihre Webseite ebenfalls von älteren Personen gut verstanden wird. Auch Einflüsse der Umwelt spielen hier eine Rolle, denn Personen, die im Freien unter der Sonne deine Webseite betrachten, werden durch den Einfluss des Sonnenlichts auf den Bildschirm noch größere Schwierigkeiten haben, Elemente deiner Webseite wahrzunehmen. Mein Lieblingstool für das Designen von Webseiten (oder Brand Boards generell) ist daher contrast-ratio.com. Sie müssen hierfür lediglich Ihre gewünschten Farben eingeben und Sie sehen auf den ersten Blick, wie gut der Text lesbar ist. Das Ganze funktioniert sehr schnell und ohne sich registrieren zu müssen.

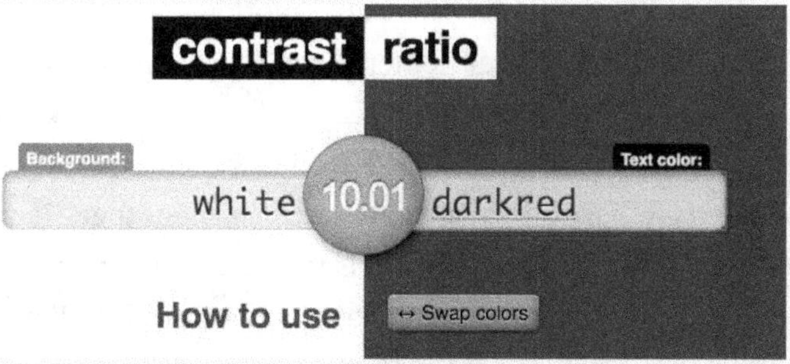

Abbildung 16: contrast-ratio.com

Ich empfehle Ihnen, möglichst viel Kontrast zu benutzen. Wenn Sie sich erfolgreiche Webseiten ansehen, wird Ihnen auch schnell klar, dass diese Farben mit hohem Kontrast verwenden, denn so ist die Webseite besser lesbar und es fällt dem Leser auch mehr ins Auge.

Außerdem sollten Sie beachten, dass Sie nicht zu viele Farben auf einer Webseite benutzen. In der Regel benutzen Sie eine Farbe für die Marke des Unternehmens, eine weiße Farbe, eine schwarze Farbe und eine Signalfarbe für Buttons und wichtige Elemente. Vier Farben sind also eigentlich genug. Farbpaletten sind dabei auf keinen Fall verschiedene Nuancen einer Farbe, wie ich das sehr oft sehe. Sie möchten kontrastierende und strategische Farben verwenden.

6.1.10.4 Die Schrift

Mit verschiedenen Schriftarten können Sie Ihre Webseite dynamischer gestalten und mit verschiedenen Schriftgrößen können Sie die Hierarchie auf Ihrer Webseite besser visualisieren. Das Aussuchen von Schriftarten gehört zu meinen Lieblingsbeschäftigungen und ich habe zahlreiche Schriftarten, die ich immer wieder gerne benutze.

Die Auswahl von Schriftarten hilft Ihnen, die richtigen Gefühle für Ihre Webseite zu erwecken. Webseiten sind in der Regel da, um etwas zu verkaufen beziehungsweise sie verfolgen ein gewisses Ziel, wie beispielsweise das Erweitern der E-Mail-Liste. Einer der wichtigsten Grundsätze ist, dass Menschen auf Emotionen reagieren, und das bedeutet auch, dass das Visuelle einer Webseite enorm wichtig ist, denn das ist in der Lage, Emotionen zu erwecken. Verschiedene Schriftarten verfolgen verschiedene Zwecke. Beispielsweise sehen verschnörkeltere Schriftarten auf einer Webseite für Hochzeitsfotografie gut aus und lassen den User über eine romantische Hochzeit träumen, sie eignen sich aber nicht so gut für die Webseite eines Anwalts. Hier ist ein seriöses Auftreten gefragt, damit der User dem Anwalt vertrauen kann.

Eine Seite mit vielen Fonts ist Google Fonts. Ich benutze Google Fonts gerne, denn die meisten Browser sind mit den Schriftarten von

Google Fonts vertraut. Wenn Sie sich eine unbekanntere Schriftart herunterladen und diese für Ihre Webseite benutzen, kann es sein, dass diese Schriftart nicht wiedergegeben, sondern ersetzt wird. Um auf Nummer sicher zu gehen, beginne ich daher stets mit Google Fonts. Es gibt verschiedene Kategorien bei den Schriftarten, hier sind die wichtigsten:

- Serif

- Sans Serif

- Monospace

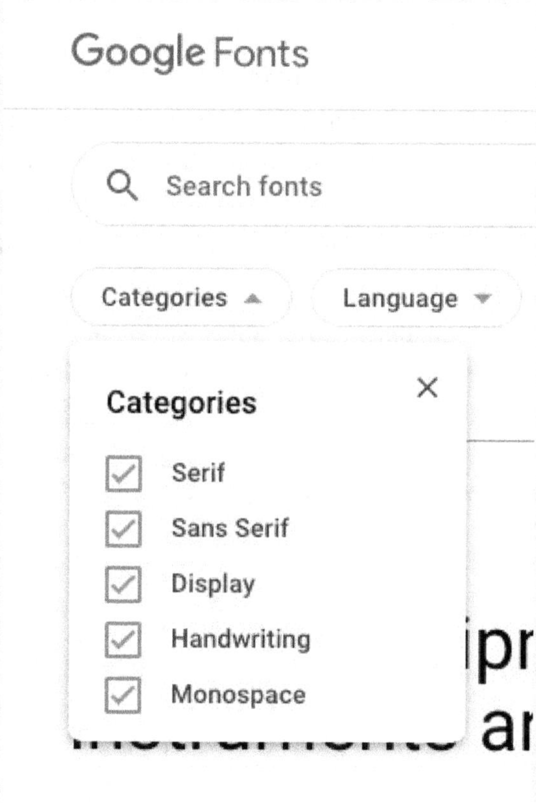

Abbildung 17: Google Fonts

Monospace ist einfach erklärt – dies sind Schriftarten, bei denen jeder Buchstabe die gleiche fest definierte Weite hat. Beim Programmieren werden meistens solche Schriftarten verwendet, da diese leicht zu lesen sind.

Serif-Schriftarten sind Schriftarten, die kleine zusätzliche Striche am Ende von Buchstabenbalken haben. Diese werden Serifen genannt. Bekannte Serifen-Schriftarten sind

- Times new Roman

- Georgia

- Baskerville Old Face.

Sans-Serif-Schriftarten sind dann natürlich Schriftarten, die keine Serifen haben. Ich empfehle Ihnen, für Ihre Webseite auf jeden Fall Sans-Serif-Schriftarten zu benutzen, da diese sehr leicht zu lesen sind. Insbesondere, wenn Sie längere Textpassagen auf Ihrer Webseite haben, wie beispielsweise in Blogbeiträgen, sollten Sie darauf achten, dass der Text leicht zu lesen ist, da es anstrengender ist, auf einem Computerbildschirm zu lesen. Das Design von diesen Schriftarten ist einfacher, schlichter und moderner. Wenn Sie gerne eine Serif-Schriftart auf Ihrer Webseite haben möchten, kann ich Ihnen empfehlen, diese für Überschriften zu verwenden und stets eine Sans-Serif-Schriftart für Ihre Textpassagen und Paragraphen zu benutzen.

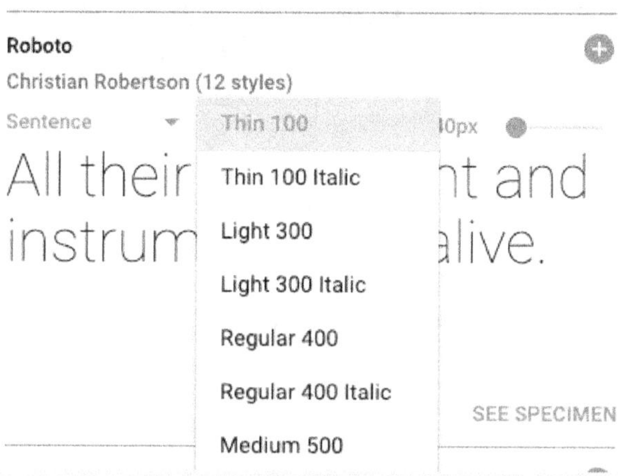

Abbildung 18: Sans-Serif Schriftarten

Eine weitere Eigenschaft von Schriftarten ist „Weight". Viele Schriftarten haben verschiedene Möglichkeiten, wie dick die Buchstaben dargestellt werden. Für elegante Webseiten benutze ich gerne kleinere Weight-Werte. Höhere Weight-Werte können aber beispielsweise den Kontrast verbessern.

Und natürlich gibt es die Eigenschaften wie kursiv (italic) oder condensed (schmalere Buchstaben mit wenig Lücken dazwischen). Wenn Sie auf Google Fonts nach Schriftarten suchen, können Sie die Schriftarten auch ganz einfach zu Ihrer Webseite hinzufügen. Klicken Sie dann auf das Plus-Zeichen bei den Schriftarten. Wenn Sie alle Ihre Schriftarten hinzugefügt haben, können Sie den Code einfach in Ihrem HTML-Dokument hinzufügen und anschließend im CSS-Dokument die Schriftarten den HTML-Elementen zuordnen.

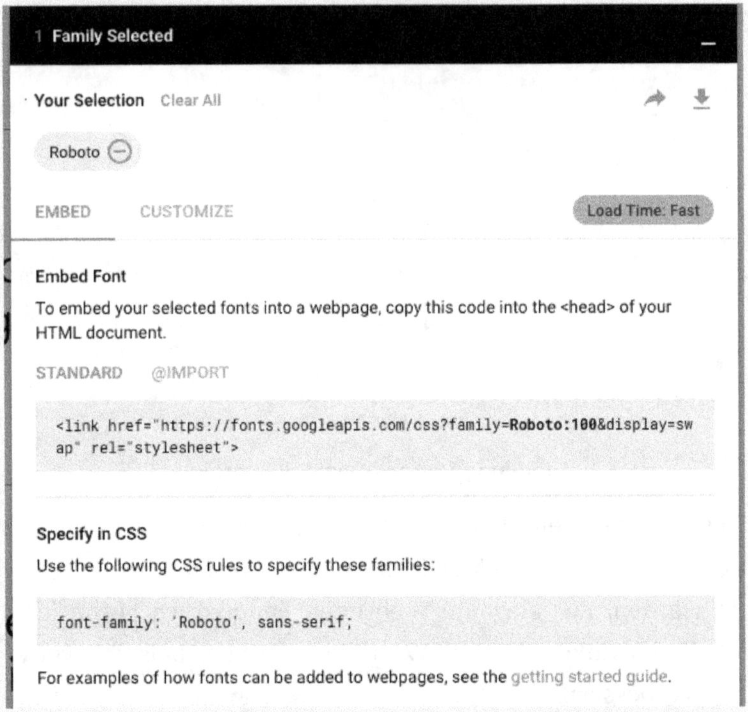

Abbildung 19: Zuordnung von CSS-Elementen zu HTML-Elementen

Um eine Schriftart zu verwenden, können Sie die Eigenschaft „font-family" benutzen. Parameter sind dann die Schriftarten. Da mit font-family die Schriftarten auf dem Computer des Users vorinstalliert sein müssen, wird empfohlen, mehrere ähnliche Schriftarten aufzuführen, damit der Browser eine Auswahl hat, wenn eine Schriftart nicht verfügbar ist. Sie können dann einfach die Schriftarten hintereinander aufführen, wobei die erstgenannte Schriftart Vorrang hat. Im Beispiel wird für die Überschrift h1 die Schriftart Georgia benutzt. Wenn der Browser die Schriftart Georgia nicht wiedergeben kann, wird auf die Schriftart Times ausgewichen.

Es ist ebenfalls Konvention, noch die Kategorie der Schriftart (sans-serif, serif oder monospace) zu deklarieren – es ist aber nicht notwendig.

```
h1 {
font-family: Georgia, Times, serif;
}
```

Ich empfehle Ihnen, entweder mit dem Link von Google Fonts zu arbeiten, wenn Sie dem User die Möglichkeit geben wollen, die Schriftarten herunterzuladen, oder Sie benutzen „@font-face“. Wenn der User die Schriftart herunterlädt, kann die Webseite so dargestellt werden, wie Sie sie designt haben. Allerdings leidet hier eventuell die Ladezeit, das heißt, es dauert länger, um eine Webseite zu öffnen.

```
@font-face {
Font-family: 'Arial';
Src: url('fonts/Arial.ttf');
}
h1 {
font-family: Arial, sans-serif;
}
```

Mit @font-face definieren Sie den Namen der Schriftart und zeigen dem Browser, in welcher Datei die Schriftart zu finden ist (in diesem Fall ist eine Schriftart-Datei im Ordner Fonts zu finden). Anschließend können Sie wie gewohnt die Schriftart den HTML-Elementen zuordnen. Bitte achten Sie stets darauf, dass die Schriftarten, die Sie sich herunterladen, für die kommerzielle Nutzung verwendet werden können.

Es gibt übrigens verschiedene Formate für Schriftart-Dateien. Diese haben die Endungen .eot, .woff, .ttf, .otf und .svg. Die meisten Browser unterstützen die Schriftart-Dateien .ttf und .otf.; Internet Explorer unterstützt lediglich .eot (diese Datei wird aber von den anderen Browsern nicht unterstützt!). Sie können für src verschiedene URLs aufführen, um die verschiedenen Dateien aufzuführen. Hierfür müssen Sie nach der URL-Eigenschaft noch eine weitere Eigenschaft aufführen, um das Format zu spezifizieren.

```
@font-face {
Font-family: 'Arial';
Src: url('fonts/Arial.eot') format('embedded-opentype');
url('fonts/Arial.ttf') format('truetype');
}
```

Wenn Sie nur eine Datei haben, können Sie den Generator von fontsquirrel.com verwenden, um die anderen Dateien zu erstellen. Fontsquirrel generiert auch einen @font-face-Code für Sie, den Sie dann ganz einfach auf Ihrer Webseite einbinden können.

Nachdem wir nun die Schriftarten definiert haben, können wir anfangen, den Text spezifisch zu stylen. Es gibt verschiedene Eigenschaften, die Sie benutzen können.

Font-weight: Mit font-weight können Sie den Text fett gedruckt erscheinen lassen. Besonders bei Überschriften eignet sich diese Eigenschaft gut.

Font-style: Mit font-style können Sie den Text kursiv erscheinen lassen.

Text-transform: Mit text-transform können Sie den Text verändern, indem alle Buchstaben Großbuchstaben oder Kleinbuchstaben werden. Sie können text-transform auch verwenden, um jedes einzelne Wort im Text mit einem Großbuchstaben beginnen zu lassen. Text-transform eignet sich gut für Buttons.

Text-decoration: Mit text-decoration können Sie Ihren Text unterstreichen oder gar durchstreichen. Sie können ihn sogar blinken lassen, wobei ich Ihnen das nicht empfehle, weil es nervig ist.

Line-height: Um den Text besser lesen zu können, können Sie einen Zeilenabstand einstellen. Dies eignet sich gut, wenn Sie längere Texte haben. Achten Sie darauf, dass Ihr Zeilenabstand nicht zu groß und nicht zu klein ist, damit der Text gut lesbar ist.

Letter-spacing: Mit letter-spacing können Sie den Abstand zwischen den einzelnen Zeichen vergrößern oder verkleinern. Als Einheit entweder em oder px nehmen.

Word-spacing: Mit word-spacing können Sie den Abstand zwischen den Wörtern vergrößern. Als Einheit entweder em oder px nehmen.

Text-align: Mit text-align können Sie den Text ausrichten. Am besten eignet sich stets die linke Ausrichtung, aber ich benutze auch oft die Zentrierung des Textes. Werte sind daher left, right, center oder justify.

6.1.10.5 CSS: Font-weight:

Das ist ein Beispiel

Dieser Text ist fett gedruckt

```
<!DOCTYPE html>

<html>

<head>

  <link rel="stylesheet" type="text/css" href="customcss.css">

</head>

<body>

<p> Das ist ein Beispiel </p>
```

```
<p id="fett"> Dieser Text ist fett gedruckt </p>

</body>

</html>
```

CSS

```
#fett {
  font-weight: bold;
}
```

6.1.10.6 CSS: Font-style

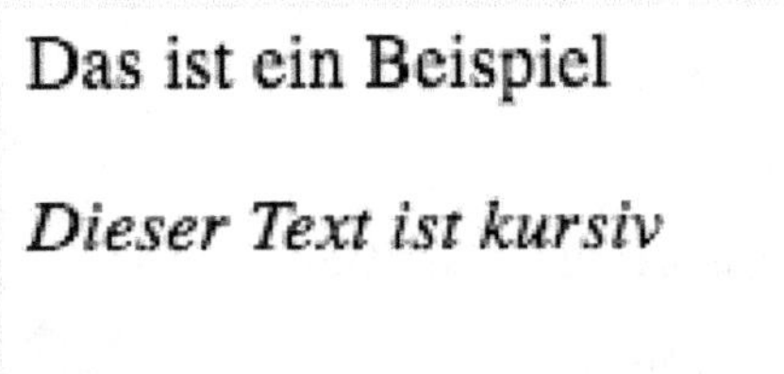


```
<!DOCTYPE html>

<html>

<head>

  <link rel="stylesheet" type="text/css" href="customcss.css">

</head>

<body>

<p> Das ist ein Beispiel </p>

<p id="kursiv"> Dieser Text ist kursiv </p>

</body>
```

```
</html>

CSS

#fett {
  font-style: italic;
}
```

6.1.10.7 CSS: Text-transform

COOLE ÜBERSCHRIFT

noch eine überschrift

Endlich Inhalt

```
<!DOCTYPE html>
<html>
<head>
  <link rel="stylesheet" type="text/css" href="customcss.css">
</head>
<body>
<h1> Coole Überschrift </h1>
<h2> Noch eine Überschrift </h2>
<p> Endlich Inhalt </p>
</body>
```

```
</html>

CSS

h1 {
  text-transform: uppercase;
}
h2 {
  text-transform: lowercase;
}
p {
  text-transform: capitalize;
}
```

6.1.10.8 CSS: Text-decoration

```
<!DOCTYPE html>
<html>
<head>
  <link rel="stylesheet" type="text/css" href="customcss.css">
</head>
<body>
```

```
<h1> Coole Überschrift </h1>
<h2> Noch eine Überschrift </h2>
<p> Endlich Inhalt </p>
</body>
</html>
CSS#h1 {
  text-transform: uppercase;
  text-decoration: underline;
}
h2 {
  text-transform: lowercase;
  text-decoration:overline;
}
p {
  text-transform: capitalize;
  text-decoration:line-through;
}
```

Line-height (Sie können sowohl em als auch px als Größe benutzen; em ist allerdings besser, da dies eine Einheit relativ zur Schriftgröße ist und die Schriftgröße vom User verändert werden kann):

Überschrift

Noch eine Überschrift

Und hier ist der Text

Noch mehr Text

```
<!DOCTYPE html>

<html>

<head>

  <link rel="stylesheet" type="text/css" href="customcss.css">

</head>

<body>

<h1> Überschrift </h1>

<h2> Noch eine Überschrift </h2>

<p> Und hier ist der Text </p>

<p> Noch mehr Text </p>

</body>

</html>


h1 {

  line-height: 1.5em;
```

```
}

p{
 line-height: 15px;
}
```

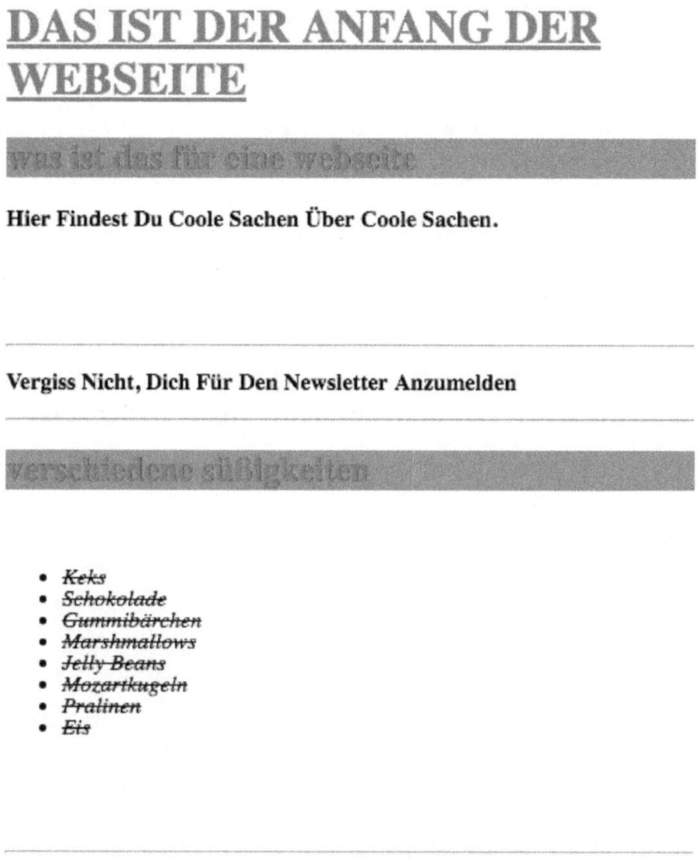

Abbildung 20: CSS designte HTML-Seite

```
<!DOCTYPE html>
<html>
<head>
 <link rel="stylesheet" type="text/css" href="customcss.css">
</head>
<body>
<h1 id="top"> Das ist der Anfang der Webseite</h1>
<h2>Was ist das für eine Webseite</h2>
<p>
 Hier findest du coole Sachen über coole Sachen.
</p><br><br><br>
<hr>
<p>Vergiss nicht, dich für den Newsletter anzumelden</p>
<hr>
<h2>Verschiedene Süßigkeiten</h2>
<br>
<ul>
 <li>Keks</li>
 <li>Schokolade</li>
 <li>Gummibärchen</li>
 <li>Marshmallows</li>
 <li>Jelly Beans</li>
 <li>Mozartkugeln</li>
```

```
  <li>Pralinen</li>
  <li>Eis</li>
</ul><br><br><br>
<hr><br><br><br>
<h2>Ich will wieder nach oben</h2>
<p>Kein Problem! <a href="#top"> Klick hier </a></p></body>
    </html>
```

Übung: Versuchen Sie, den Text mit CSS zu stylen, sodass er aussieht, wie in dem Bild. Finden Sie selbst heraus, welche Werte für die Eigenschaften eingesetzt werden können. Probieren geht über Studieren!

Lösung:

```
#top {color: green;}
h2 {color: grey; background-color: red; text-transform: lowercase;}
p {
  font-weight: bold;
  text-transform:capitalize;
}
li
{
  font-style:italic;
  text-decoration: line-through;
  line-height: 15px;
}
```

```
h1{
  text-transform: uppercase;
  text-decoration:underline;
}
```

6.1.10.9 Pseudo-Elemente und Pseudo-Klassen

Pseudo-Elemente und Pseudo-Klassen sind vordefinierte Elemente und Klassen, um Ihnen das Leben leichter zu machen. Sie können die Pseudo-Elemente und Pseudo-Klassen direkt nach dem Selector benutzen und ihn so visuell aufpeppen.

Pseudo-Elemente sind beispielsweise :first-letter und :first-line. Diese definieren den ersten Buchstaben und die erste Zeile eines HTML-Dokuments. Mit first-letter können Sie beispielsweise den ersten Buchstaben eines HTML-Elements verändern und so beispielsweise die Schriftgröße vergrößern. Damit erhalten Sie ganz einfach ein Initial in Ihrem Text.

```
<!DOCTYPE html>
<html>
<head>
  <link rel="stylesheet" type="text/css" href="customcss.css">
</head>
<body>
<h1> Überschrift </h1>
<h2> Noch eine Überschrift </h2>
<p> Und hier ist der Text <br>
  und noch mehr Text<br>
  und noch mehr Text<br>
  und noch mehr Text<br>
und noch mehr Text </p>

</body>
</html>
CSS

h1 {
  line-height: 1.5em;
}

p {
  line-height: 15px;
}
```

```
p:first-letter {
  font-size: 30px;
}
```

Wenn Sie Links auf Ihrer Webseite haben, haben Sie bestimmt schon festgestellt, dass Links automatisch blau unterstrichen dargestellt werden. Wenn Sie schon einmal auf den Link geklickt haben, ändert sich die Farbe in ein dunkleres Blau. Und Sie merken visuell sofort, wenn Sie die Maustaste über den Link halten. Wenn Sie diese Eigenschaften ändern möchten, können Sie die Pseudoklassen :link, :visited, :hover and :active verwenden.

- :link: Sie können mit der Pseudo-Klasse das Aussehen von Links verändern, die noch nicht besucht wurden.

- :visited: Sie können mit dieser Klasse das Aussehen von besuchten Webseiten ändern. Statt einem dunklen Blau können Sie eine andere Farbe auswählen!

- :hover: Sie können mit dieser Klasse das Aussehen von Elementen verändern, die sich unter Ihrem Mauszeiger befinden. Das bedeutet, dass Sie, wenn Sie über einen Link der Klasse :hover fahren, dieser Link sich im hover-Status befindet. Der Link wird sich dann nach Definition verhalten, wie beispielsweise eine Farbänderung oder eine Vergrößerung der Schrift erzeugen.

- :active: Sie können mit dieser Klasse das Aussehen von Elementen verändern, die sich im active-Status befinden. Das ist der Fall, wenn Sie beispielsweise gerade auf das Element klicken (z. B. Links oder Buttons).

6.1.10.10 Styling von Kästen

Wir haben mit den div-Elementen die Kästen kennengelernt. Im Regelfall geht ein div über die komplette Seitenbreite, aber Sie können div-

Elemente mit Hilfe von CSS verkleinern und ihnen eine bestimmte Größe geben. Um die Größe zu definieren, können Sie px benutzen. Viele verwenden aber gerne Prozentangaben, da sich so die Größe auch ändert, wenn die Seite schmaler wird (beispielsweise bei Benutzung von Smartphones).

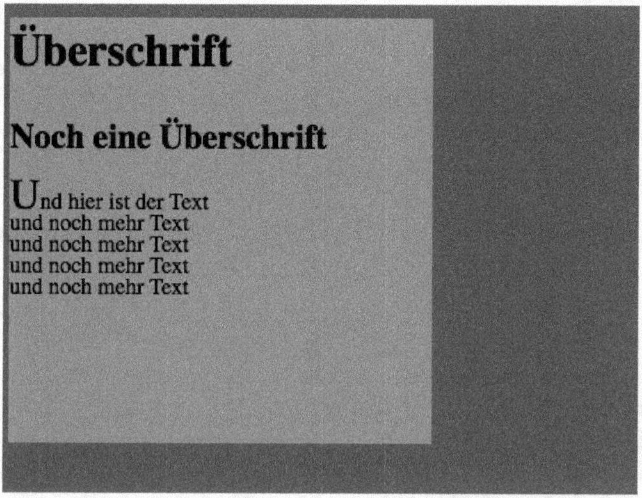

Abbildung 21: Erstes Beispiel zum Kasten-Design

```
<!DOCTYPE html>

<html>

<head>

  <link rel="stylesheet" type="text/css" href="customcss.css">

</head>

<body>

<div>

<h1> Überschrift </h1>

<h2> Noch eine Überschrift </h2>
```

```
<p> Und hier ist der Text <br>
 und noch mehr Text<br>
 und noch mehr Text<br>
 und noch mehr Text<br>
und noch mehr Text </p>
</div>
</body>
</html>
CSS

h1 {
 line-height: 1.5em;
}

p {
 line-height: 15px;
}
p:first-letter {
 font-size: 30px;
}
div {
 height: 300px;
 width:300px;
 background-color:red;
```

```
}
Body {
Background-color: blue;
}
```

Sie können übrigens auch Minima und Maxima setzen mit min-width und max-width. Dies ist hilfreich, wenn Sie Inhalte abhängig von der Größe des Bildschirms darstellen möchten, aber es Ihnen wichtig ist, dass die Kästen mit den Inhalten nicht zu klein werden, um den Inhalt noch erkennen zu können.

Sie können auch maximale Höhen definieren mit max-height (analog minimale mit min-height). Hier müssen Sie aufpassen, dass Sie auch die richtigen Größen definieren und dass die Kästen groß genug für die Inhalte sind. Im unteren Beispiel ist max-height unterdimensioniert.

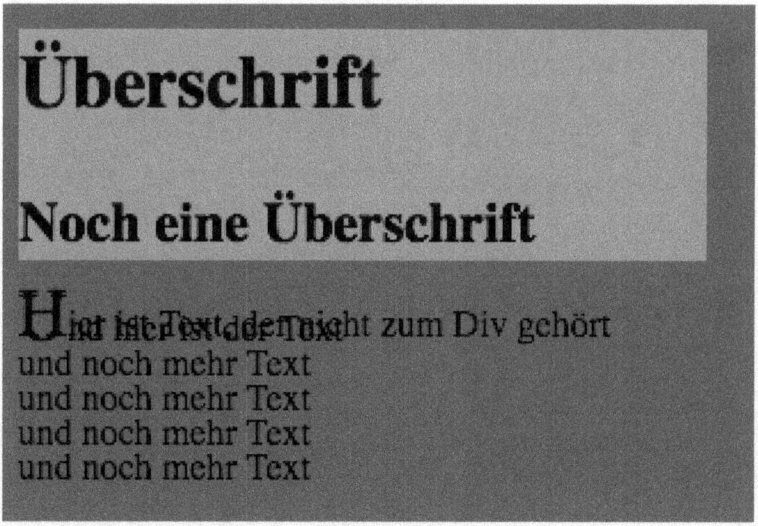

Abbildung 22: Zweites Beispiel zum Kasten-Design

```
<!DOCTYPE html>
<html>
<head>
 <link rel="stylesheet" type="text/css" href="customcss.css">
</head>
<body>
<div>
<h1> Überschrift </h1>
<h2> Noch eine Überschrift </h2>
<p> Und hier ist der Text <br>
 und noch mehr Text<br>
 und noch mehr Text<br>
 und noch mehr Text<br>
und noch mehr Text </p>
</div>
<p>
Hier ist Text, der nicht zum Div gehört
</p>
</body>
</html>
CSS

h1 {
 line-height: 1.5em;
```

```
}

p {
  line-height: 15px;
}
p:first-letter {
  font-size: 30px;
}
div {
  max-height: 100px;
  width:300px;
  background-color:red;
}
Body {
Background-color: blue;
}
```

Um dies zu vermeiden, können Sie mit „overflow: scroll“ aus dem div-Element einen Kasten machen, in dem man scrollen kann.

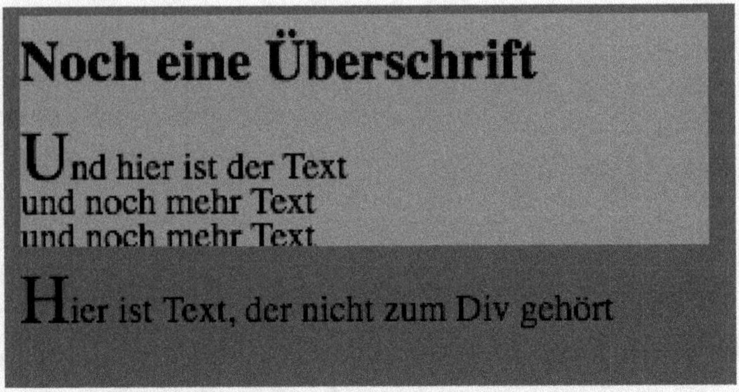

Abbildung 23: Drittes Beispiel zum Kasten-Design

```
<!DOCTYPE html>

<html>

<head>

 <link rel="stylesheet" type="text/css" href="customcss.css">

</head>

<body>

<div>

<h1> Überschrift </h1>

<h2> Noch eine Überschrift </h2>

<p> Und hier ist der Text <br>

 und noch mehr Text<br>

 und noch mehr Text<br>

 und noch mehr Text<br>

und noch mehr Text </p>

</div>
```

```
<p>
Hier ist Text, der nicht zum Div gehört
</p>
</body>
</html>
CSS

h1 {
 line-height: 1.5em;
}


p {
 line-height: 15px;
}
p:first-letter {
 font-size: 30px;
}
div {
 max-height: 100px;
 width:300px;
 background-color:red;
overflow: scroll;
}
Body {
```

Background-color: blue;
}

Jeder Kasten hat immer die Eigenschaften „border“, „margin“ und „padding“. HTML-Dokumente haben vordefinierte Werte für border, margin und padding – diese Eigenschaften können Sie mit CSS verändern.

Im Inspektor-Tool von Google finden Sie stets diese Grafik für jedes HTML-Element:

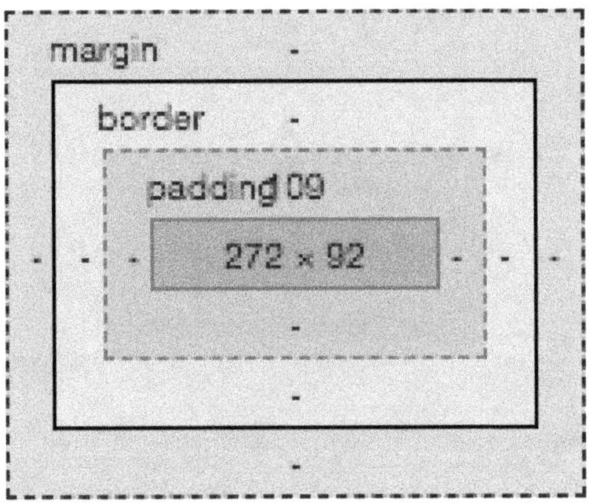

Abbildung 24: Google Inspektor-Tool

Das Element ist blau markiert. Der Rand ist gelb und zwischen dem Element und dem Rand gibt es „padding“. Dieses padding ist der Abstand vom Element zum Rand. Außerdem gibt es eine margin. Je größer die Margin ist, umso größer ist der Abstand vom Element zu anderen Elementen. Im Inspektor-Tool können Sie auf die Kästen klicken, einen Wert eingeben und direkt sehen, wie sich das Styling ändert.

Sie können den Rand mit folgenden Eigenschaften ändern:

- Border-width
- Border-style
- Border-color

Border-width definiert die Dicke des Randes. Interessant dabei ist, dass Sie für alle vier Seiten des Randes verschiedene Werte eingeben können. Der erste Wert, den Sie angeben, ist dann der Wert für den oberen Rand.

Dieses Element hat einen 2px dicken Rand

Dieses Element hat verschiedene Ränder

```
<!DOCTYPE html>

<html>

<head>

  <link rel="stylesheet" type="text/css" href="customcss.css">

</head>

<body>

  <div>

<p id="one"> Dieses Element hat einen 2px dicken Rand </p>
<p id="two"> Dieses Element hat verschiedene Ränder </p>


</body>

</html>
```

CSS

```
#one {
 border-width:2px;
 border-style:solid;
}

#two {
 border-width: 1px 2px 3px 1px;
 border-style: solid;
}
```

Neben border-style:solid gibt es noch weitere Möglichkeiten für Ränder, nämlich dotted, dashed, double, groove, ridge, inset und outset. Am beliebtesten sind aber solid, dotted und dashed.

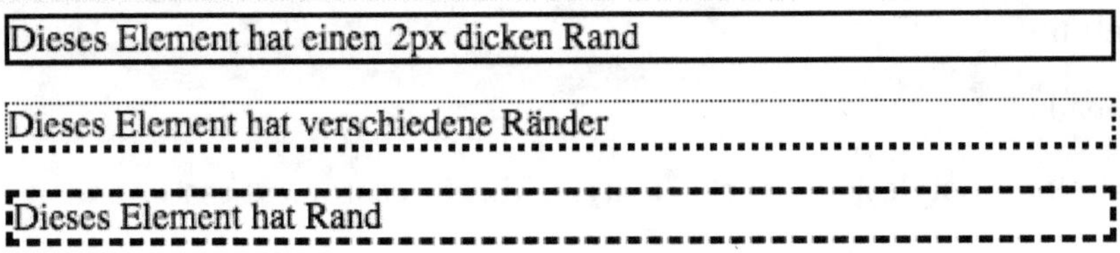


```
<!DOCTYPE html>
<html>
<head>
 <link rel="stylesheet" type="text/css" href="customcss.css">
</head>
<body>
 <div>
```

```
<p id="one"> Dieses Element hat einen 2px dicken Rand </p>

<p id="two"> Dieses Element hat verschiedene Ränder </p>
<p id="three"> Dieses Element hat Rand </p>


</body>

</html>

CSS

#one {

 border-width:2px;

 border-style:solid;

}

#two {

 border-width: 1px 2px 3px 1px;

 border-style: dotted;

}

#three {

 border-style: dashed;

}
```

Mit Padding können Sie Text besser lesbar machen. White Space werden weiße, leere Flächen genannt. Diese Flächen sind wichtig, wenn es darum geht, eine harmonische Struktur in einem Dokument aufzubauen. Padding funktioniert genauso wie die border-Eigenschaft. Die Abstände werden mit px definiert. Im unteren Beispiel finden Sie drei

Elemente, die verschiedene Paddings haben. Beim ersten Element ist ein gleichmäßiger Abstand zu sehen, im zweiten Element ist links ein Abstand zu erkennen und beim rechten Beispiel wurden vier verschiedene Abstände genutzt.

Das Gleiche funktioniert übrigens auch mit der Eigenschaft margin, wobei Sie mit margin:auto eine Zentrierung des Elementes erreichen können.

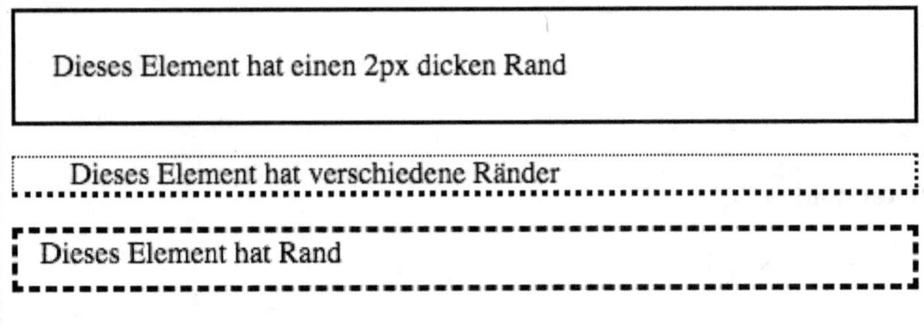


```
<!DOCTYPE html>

<html>

<head>

 <link rel="stylesheet" type="text/css" href="customcss.css">

</head>

<body>

 <div>

<p id="one"> Dieses Element hat einen 2px dicken Rand </p>

<p id="two"> Dieses Element hat verschiedene Ränder </p>

<p id="three"> Dieses Element hat Rand </p>


</body>
```

```
</html>

CSS

#one {
  border-width:2px;
  border-style:solid;
  padding:20px;
}

#two {
  border-width: 1px 2px 3px 1px;
  border-style: dotted;
  padding-left:30px;
}

#three {
  border-style: dashed;
  padding: 2px 6px 8px 12px
}
```

6.1.10.11 Navigation

Eine Navigation kann man ganz einfach mit einer Liste aus Links kreieren. Aber die Listen, die wir bis jetzt kennengelernt haben, sind alle vertikal. Wenn Sie eine horizontale Liste machen möchten, müssen Sie verstehen, dass es sich bei Listenelementen um Blockelemente handelt. Das bedeutet, dass das nächste Element automatisch in der Zeile nach unten rutscht. Wie kann man also eine horizontale Navigation erstellen? Wir erreichen dies, indem wir die Listenelemente als inline-Elemente darstellen beziehungsweise zu solchen umwandeln. Dies wird mit display:inline realisiert. Damit zwischen den Listenelementen ein kleiner Abstand dargestellt wird, benutzen wir noch margin:10px. Ich habe die Listenelemente in dem Beispiel noch gelb hinterlegt, damit es deutlicher wird.

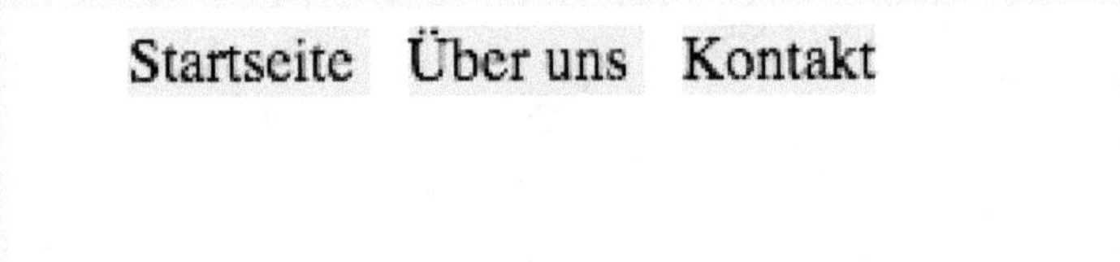


```
<!DOCTYPE html>

<html>

<head>

  <link rel="stylesheet" type="text/css" href="customcss.css">

</head>

<body>


<ul>

  <li> Startseite </li>

  <li> Über uns </li>

  <li> Kontakt </li>

</ul>


</body>

</html>
```

```
CSS

li {
  display: inline;
  margin-right: 10px;
  background-color:yellow;
}
```

Sie können noch einen zusätzlichen Schatten zum Kasten geben mit box-shadow. Im Beispiel unten werden noch -moz-box-shadow und -webkit-box-shadow benutzt, welche dazu dienen, dass alle Browser diese Eigenschaft darstellen können. Die Werte geben das Offset, also die Verschiebung jeweils in der horizontalen und vertikalen Richtung an.

```
<!DOCTYPE html>
<html>
<head>
  <link rel="stylesheet" type="text/css" href="customcss.css">
</head>
<body>
<ul>
  <li> Startseite </li>
  <li> Über uns </li>
  <li> Kontakt </li>
</ul>
```

```
</body>
</html>

CSS
li {
  display: inline;
  margin-right: 10px;
  background-color:yellow;
  -moz-box-shadow: -10px -10px red;
  -webkit-box-shadow: -10px -10px red;
  box-shadow: -10px -10px red;
}
```

Außerdem können Sie die Randecken abrunden mit border-radius.

```
<!DOCTYPE html>
<html>
<head>
  <link rel="stylesheet" type="text/css" href="customcss.css">
</head>
<body>

<ul>
  <li> Startseite </li>
```

```
  <li> Über uns </li>
  <li> Kontakt </li>
</ul>

</body>
</html>

CSS
li {
  display: inline;
  margin-right: 10px;
  background-color:yellow;
  -moz-box-shadow: -10px -10px red;
  -webkit-box-shadow: -10px -10px red;
  box-shadow: -10px -10px red;
border-radius:10px;
}
```

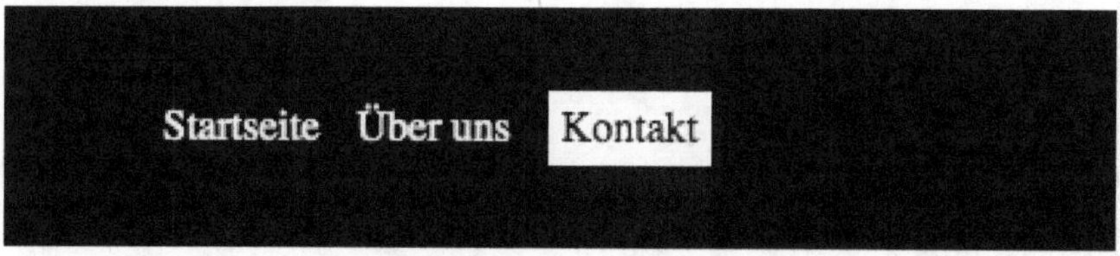

Abbildung 25: Navigationsleiste

Können Sie diese Navigation erstellen? Es ist eine Navigation mit Listenelementen, wobei „Kontakt" als Button dargestellt wird. Tipp: Arbeiten Sie mit Klassen oder IDs! Sie sind bereits Profi!

Lösung:

```
<!DOCTYPE html>
<html>
<head>
 <link rel="stylesheet" type="text/css" href="customcss.css">
</head>
<body>
<div class="navigation">
 <ul>
  <li> Startseite </li>
  <li> Über uns </li>
  <li id="button"> Kontakt </li>
 </ul>
</div>

</body>
</html>
```

CSS

```
li {
 display: inline;
 margin-right: 10px;
 color: white;
}
```

```
.navigation {
  background-color: black;
  padding: 20px;
}

#button {
  background-color: white;
  color: black;
  padding:5px;
}
```

6.1.10.12 Verschiedene Symbole für Listen

Sie können für Listen verschiedene Symbole benutzen. Hierzu wird list-style-type benutzt. Als Wert können Sie folgende Werte benutzen:

None: keine Symbole

Disc: schwarzer Punkt

Circle: Punkt ohne Füllung

Square: Quadrat

Decial: Nummern

Decimal-leading-zero: Nummern mit einer Null davor (01 02 03)

Lower-alpha: Kleine Buchstaben

Upper-alpha: Große Buchstaben

Lower-roman: Kleine römische Zahlen

Upper-roman: Große römische Zahlen

Im Trend sind mittlerweile Listen mit kleinen Symbolen anstelle von Punkten. Dabei handelt es sich um kleine Bilder beziehungsweise Icons, die als Ersatz für den Punkt verwendet werden. Wichtig ist dabei, dass die Datei klein ist, um die Ladezeit nicht zu beeinflussen. Außerdem sollten Sie bei Möglichkeit transparente Bilder verwenden, damit Sie die Listenpunkte auch auf farbigem Hintergrund verwenden können. Die Eigenschaft hierfür ist list-style-image mit dem Attribut URL und dem Link zum Bild als Parameter. Nehmen wir an, dass ich ein Icon mit dem Namen „herz" im Ordner „icons" habe. Um dieses zu verwenden, benutze ich folgende Zeile:

```
Ul {
List-style-image: url(„icons/herz.png");
}
```

6.1.11 Spezialanwendungen von Javascript

Wir haben jetzt viel über Objekte, Klassen und Co. gehört. Wie gehen Sie jedoch in JavaScript mit den erlernten Grundlagen und möglichen Arbeitspaketen, die sich aus einer UML-Modellierung ergeben können, um? Auf diese und weitere interessante Fragen wird im folgenden Kapitel Rücksicht genommen.

6.1.11.1 Objekte in JavaScript

Objekte sind ein wesentlicher Bestandteil von JavaScript. Sie haben bestimmte Attribute und stellen Funktionen zur Verfügung.

Standardobjekte

JavaScript stellt selbst eigene Objekte zur Verfügung. Sie sind als eine Art Bibliothek zu verstehen, die nützliche Eigenschaften und Methoden enthalten. Sie können diese jederzeit, ohne sie vorher zu erstellen, verwenden. Zu den Standardobjekten gehören u. A. das `Array`, der `String`, das `Date` und `Math`.

Eigene Objekte

Neben den vorgegebenen Objekten können Sie auch eigene erschaffen. Dies geschieht über eine ganz normale Funktion, die Sie selbst definieren müssen. Ein neues Objekt kann auf zwei Weisen erstellt werden: Ein einfaches Objekt (also eine Zusammenfassung von Eigenschaften) erstellen Sie durch die Zuweisung dieser Eigenschaften zu einer Variablen. Ein komplexeres Objekt kann mit dem new-Operator erstellt werden. Weisen Sie einer Variablen mit dem new-Operator eine Funktion zu, so wird der Variablen ein neues Objekt mit den in der Funktion definierten Eigenschaften zugewiesen.

Beispiel für ein einfaches Objekt:

```
function MachWas(val)
{ /*Anweisungen*/ }
meinAuto {
    Marke : 'VW',
    Baujahr : 1956,
    Farbe : '#008000',
    ReifenWechsel : MachWas
    }
```

Beispiel für ein komplexes Objekt:

```
function ErstelleSchrank(a,b,c,d,e)
{
 this.Farbe = a;
```

```
 this.Stil = b;
 this.Jahr = c;
 this.Hoehe = 210;
 this.Tuer = new ErstelleSchrankTuer(d,e)
}
function ErstelleSchrankTuer(f,g)
{
 this.Breite = f;
 this.Hoehe = g;
}
Schrank = new ErstelleSchrank('rot','klassisch',1999,80,190);
```

Vererbung

Mit Hilfe der prototype-Eigenschaft, die jedes Objekt automatisch besitzt, ist es Ihnen möglich, einem Objekt die Eigenschaften eines anderen Objektes (zusätzlich zu den eigenen) zu geben. Dazu wird mit der prototype-Eigenschaft eines Objektes ein neues Objekt erstellt. Das erste Objekt ist dann vom Typ des zweiten und enthält zusätzlich zu den eigenen die Eigenschaften und Methoden des anderen. Kommt Ihnen das bekannt vor? Das war genau unser Ansatz, als wir über Vererbung gesprochen haben. Attribute und Operationen sind vererbbar. Ein Beispiel:

```
function Fahrzeug(a,b)
{
 this.name = a;
 this.jahr = b;
}
```

```
function Auto(c)

{ this.marke = c; }

Auto.prototype = new Fahrzeug('Auto',2000)



function Volkswagen(d)

{ this.ps = d; }

Volkswagen.prototype = new Auto('VW');



meinAuto = new Volkswagen(55);
```

6.1.11.2 JavaScript und HTML als Duett verwenden

Das heißt im Umkehrschluss auch: JavaScript im Browser dient zur Verbesserung des Nutzererlebnisses. Anders als auf dem Server muss also hier immer ein stückweit mit HTML-Code interagiert werden. Dazu können beliebig viele JavaScript-Dateien (mit der Endung .js) erstellt werden und diese können Sie über das folgende Element einbinden:

```
<script src="pfad/zur_javascript/datei"></script>
```

Dieses Code-Element wird meist kurz oberhalb des schließenden body-Tags platziert. Dadurch lädt der Browser die entsprechende Datei und stellt die darin befindlichen Funktionen der HTML-Umgebung zur Verfügung. Beim Neuladen der Seite wird auch der JavaScript-Code neu geladen und gespeicherte Werte gehen dabei verloren.

Damit Sie nun mit einer geeigneten Schaltfläche interagieren können, bietet HTML das sogenannte “onclick”-Attribut an. Dieses ist in der Lage, JavaScript-Funktionen aufzurufen; ein Beispiel:

```
<!doctype html>

<title>JavaScript Test</title>

<div id="kasten" style="width: 100px; height: 100px; background: blue;"></div>

<button id="farbenwechsel" onclick="wechselDieFarbe()">Rot</button>

<script>

var wechselDieFarbe = function() {

  document.getElementById('kasten').style.background = 'red';

}

</script>
```

Sie können das obige Textbeispiel leicht ausprobieren. Tippen oder kopieren Sie das Code-Beispiel in eine Textdatei und speichern Sie diese als NAME.html ab. Klicken Sie dann doppelt darauf, Ihr Standard-Browser öffnet die Datei automatisch. Ganz easy!

6.1.11.3 Richtiges Web-Desgin

Jetzt haben wir viel über die speziellen Arten, mit JavaScript umzugehen, gehört. Doch was lernen wir aus diesem doch sehr ausführlichen Kapitel? Ich denke, Sie müssten bei Bedarf nochmal ins Glossar schauen, wenn nicht alles hängen geblieben ist. Nichtsdestotrotz sollten wir eine Art Kochrezept definieren, mit dem wir IT-Projekte, die in den Bereich des Webseiten-Designs gehen, bewältigen können. Wie macht man also Webdesign?

Eine Webseite besteht nicht nur aus Text, Bildern und Links. Webseiten sind viel mehr als ein einfaches Schaufenster eines Unternehmens. Vielmehr sollen Webseiten als effektives Marketingtool benutzt werden. Jeder User, der eine Webseite besucht, hat ein Ziel. Dieses Ziel soll Ihre erstellte Webseite erfüllen, aber wie funktioniert das am besten? Es ist wichtig, dass Sie sich vor dem Designen einer Webseite erst einmal mit den Zielgruppen auseinandersetzen.

Wenn Sie für ein größeres Unternehmen eine Webseite designen sollen, gibt es in den meisten Fällen auch mehr als eine Zielgruppe. Vielleicht unterscheidet das Unternehmen zwischen Privatkunden, Businesskunden und potenziellen Mitarbeitern? Für jede Zielgruppe muss die Strategie ersichtlich sein, das bedeutet, dass es wichtig ist, dass Sie Ihre Zielgruppe so geschickt und einfach wie möglich durch die Webseite führen, um ihre Ziele zu erfüllen.

Wenn Sie mit einem Kunden reden und fragen, für wen die Webseite sein soll, wird er wahrscheinlich sagen... „Naja, für das Unternehmen natürlich." Das ist der erste Punkt, an dem viele scheitern. Viele Designer fangen dann an, die Webseite nach dem persönlichen Geschmack des Kunden zu gestalten, ohne sich auf die Zielgruppe zu konzentrieren.

Stattdessen sollten Sie zusammen mit dem Kunden die Zielgruppe recherchieren. Der Schlüssel liegt darin, richtig tief zu graben. Mein Lieblingswort dabei ist „Warum". Es gibt die Technik, die beschreibt, fünfmal „Warum?" zu fragen, um tieferliegende Gründe herauszufinden. Behalten Sie dabei immer im Hinterkopf, dass Sie ein Problem lösen müssen und die Webseite nicht zum Spaß gebaut wird.

Fragen, die Sie dabei stellen können, um die Zielgruppe zu definieren, sind:

- Was ist das durchschnittliche Alter der Zielgruppe?
- Ist die Zielgruppe überwiegend männlich oder weiblich?
- Wo wohnt die Zielgruppe? Welches Land, welche Region? Sind es Stadtmenschen oder leben sie eher auf dem Land?
- Was ist das durchschnittliche Jahreseinkommen? Die wenigsten werden diese Informationen offenbaren, aber ein Schätzwert reicht hier vollkommen. Es geht dabei darum, ein Gefühl für die Zielgruppe zu bekommen.
- Was ist das höchste Bildungsniveau?
- Wie viele Stunden arbeiten sie in der Woche, wie viel Freizeit haben sie?
- Sind sie verheiratet oder haben sie Kinder?
- Was benutzen sie, um Webseiten aufzurufen? Überwiegend Smartphones?
- Auf welchen Social-Media-Kanälen halten sie sich am liebsten auf?
- Welche Anrede bevorzugt die Zielgruppe? Sie oder Du?
- Auf Basis der Antworten können Sie ein genaueres Nutzerprofil entwickeln, das Sie dann auf die Webseite reflektieren können. Anschließend müssen Sie die Ziele der Nutzer definieren.

1. Warum besuchen die User die Webseite? Was ist die Motivation, was ist der Antrieb? Sind sie auf der Suche nach etwas Bestimmtem?
2. Was sind die Ziele? Kennen sie bereits das Unternehmen? Suchen sie nach bestimmten Daten? Brauchen sie ihre Kontaktdaten? Welche Kontaktdaten brauchen sie? Welche Informationen benötigen sie? Was ist ihnen wichtig?

Wenn wir annehmen, dass die Webseite von einem Hundesalon ist, haben wir beispielsweise folgende Ziele:

- Lisa möchte einen Termin auf der Webseite buchen für ihren Hund
- Thomas ist nicht sicher, ob er sich den Trip zum Hundesalon leisten kann und sucht nach Informationen zu Preisen
- Maria war bereits beim Hundesalon und möchte sich auf der Webseite nach dem Shampoo erkundigen, welches der Hundesalon benutzt
- Lars trifft seine Freundin beim Hundesalon, aber hat sich verirrt. Er möchte die Anschrift suchen
- Kiara liebt Tiere und ist auf der Suche nach Arbeit.

Sie sehen, dass die Ziele ganz unterschiedlich sein können. Zwei von den fünf beispielhaften Usern sind gar nicht interessiert daran, Geld auszugeben, um im Hundesalon etwas zu kaufen oder einen Termin zu buchen. Wenn der Hundesalon aber gerade dabei ist, zu investieren, ist er vielleicht auch interessiert an Kiara, die nach Arbeit sucht. Auf der Webseite sollte dann zumindest im Footer eine Seite verlinkt sein, auf der sich Kiara über offene Jobangebote informieren kann, oder auch einfach nur Informationen über die Arbeit beim Hundesalon und darüber, wie Initiativbewerbungen eingereicht werden können.

Nun haben Sie alle Informationen darüber, welche Seiten Sie benötigen. Hier fangen Sie dann an, eine Sitemap zu erstellen. Eine Sitemap ist eine Sammlung von Seiten auf einer Webseite, die hierarchisch gegliedert ist. Beispielsweise kann der Hundesalon eine Seite namens „Services“ haben, die wiederum unterteilt ist in „Termin buchen für Hundesalon“ und „Shop für Wellnessprodukte für den Hund“.

Hier sind einige Regeln für die Navigation der Webseite:

1. Maximal 7 Punkte in der Navigation! Je mehr Punkte Sie haben, umso mehr überfordern Sie den Besucher! Noch besser ist es, nur ein paar ausgesuchte Seiten aufzuführen, damit Sie den User praktisch durch die

Webseite führen können. Alle weiteren Seiten können Sie beispielsweise im Footer-Bereich der Webseite aufführen.

2. Benutzen Sie nur klare Namen! Der User muss auf jeden Fall wissen, was sich hinter den Navigationspunkten verbirgt. Benutzen Sie also statt Shop nicht Hundeparadies. Besucher von Webseiten können sich unter Shop etwas vorstellen, aber sie können nicht konkret sagen, was Hundeparadies für sie bereitstellt. Überraschungen sind schön und gut, aber bei Webseiten sind sie zu sehr mit Überwindung und Anstrengung verbunden.
3. Sie können wichtige Navigationspunkte anders stylen, beispielsweise in Form eines Buttons.

Bei der Gestaltung der Webseite gebe ich Ihnen noch einige Tipps mit:

1. Benutzen Sie sinnvolle Medien! Bilder eignen sich immer gut, aber auch Videos sind perfekt, denn Besucher werden mit Videos viel länger auf Ihrer Webseite verweilen.
2. Vergessen Sie die legalen Seiten auf der Webseite nicht wie Disclaimer und Datenschutzerklärung. In der Datenschutzerklärung müssen Sie auf jeden Fall Ihrem Besucher die Möglichkeit geben, seine Daten zu löschen.
3. Bei längeren Webseiten sollten Sie einen Button benutzen, der den User wieder zum Anfang der Seite bringt.
4. Die wichtigen Informationen befinden sich auf dem ersten Teil der Webseite, die der User zu Gesicht bekommt! Dieser Teil bestimmt, ob der User dazu gewillt ist, den Rest der Seite zu betrachten!
5. Achten Sie auch viel auf Kontrast und Hierarchie! Gleiche Elemente können Sie beispielsweise gruppieren, um ein harmonischeres Gesamtbild zu erhalten.
6. White Space ist wichtig! Überladen Sie Ihre Webseite nicht zu sehr und setzen Sie sinnvoll Paragraphen und Absätze ein, um mehr weiße Fläche auf Ihrer Webseite zu haben.

7. Führen Sie den User durch die Webseite und benutzen Sie nicht 20 verschiedene Buttons auf der Startseite. Viel besser ist es, einen Button mehrmals auf der Startseite zu platzieren. Dies überfordert den User nicht und er ist eher dazu bereit, auf den Button zu klicken.
8. Seien Sie konventionell! Ich sehe viele Webseiten, die gar keine Buttons benutzen, sondern einfach nur Links. Aber es hat sich mittlerweile etabliert, dass man auf Buttons klickt – benutzen Sie Buttons und seien Sie nicht zu kreativ!

Der wichtigste Grundsatz beim Webdesign ist schließlich, dass die Webseite ein Ziel hat und Probleme löst. Wenn Sie nach diesem Grundsatz arbeiten und dem User ein benutzerfreundliches Design bieten, kann gar nichts schiefgehen!

6.2. JQUERY

Mehr als die Hälfte der Weltbevölkerung und damit mehr als 4 Milliarden Menschen haben heutzutage Zugriff auf das Internet. Die Internetnutzung erfolgte bis zum Jahr 2009 fast ausschließlich von Desktopgeräten. Seit dem Jahr 2009 lässt sich jedoch ein klarer Trend erkennen.

Während die Nutzung des Internets von Desktopgeräten immer mehr und mehr zurückgeht, erobern mobile Endgeräte, wie Tablets und Smartphones, den Markt. So war es im Oktober 2016 erstmalig so weit, dass der Internetverbrauch, der von mobilen Geräten aus verursacht wurde, den der Desktopgeräte übertroffen hat. Dieser Trend bringt für die Anbieter von Informationen im Internet eine neue Herausforderung mit sich. Inhalte müssen dem Benutzer nun sowohl auf Desktopsystemen als auch auf mobilen Endgeräten funktional und anschaulich zur Verfügung gestellt werden.

In dem vorliegenden Kapitel werden Ihnen die verschiedenen Möglichkeiten gezeigt, wie Inhalte auf mobilen Geräten dargestellt werden können. Anschließend werden Ihnen die Grundlagen von Webseiten kurz beleuchtet, um dann das jQuery Mobile Framework genauer vorzustellen.

6.2.1 Arten von Apps

Grundsätzlich lassen sich Apps in drei verschiedene Arten aufteilen, die sich in Funktion und Entwicklungsaufwand unterscheiden. Man unterscheidet zwischen Nativen Apps, Web Apps und Hybriden Apps. Im Folgenden wird kurz auf die verschiedenen Produktformen eingegangen und die entsprechenden Vor- und Nachteile werden erläutert.

6.2.1.1 Die Native App

Die vermutlich bekannteste Art einer Applikation ist die Native App. Eine Native App wird individuell für eine vom Entwickler gewählte Plattform in der jeweiligen Programmiersprache, z. B. Java oder Kotlin für Android, Objective-C oder Swift für iOS, entwickelt und kann dann aus dem entsprechenden App-Downloadportal (Google Playstore bei Android, AppStore bei iOS) heruntergeladen werden.

Hier wird auch schon ein großer Vorteil deutlich: dadurch, dass die App speziell mit der für das System optimierten Sprache entwickelt wird, kann die vorhandene Hardware optimal genutzt werden. Das bedeutet auch, dass man vollen Zugriff auf die Betriebssystemfunktionen erlangen und somit Mikrofon, Kamera, Geo-Location und vieles mehr benutzen kann. Auch ist diese Art der Applikation aus dem oben genannten Grund sehr performant und schneidet im Hinblick auf Usability gut ab, da der Benutzer die ihm vertrauten plattformspezifischen Benutzerelemente weiterhin verwenden kann.

Eine solche App ist jedoch, wie erwähnt, nur auf einer Plattform lauffähig und um diese auf einer anderen Plattform lauffähig zu machen, muss die gesamte Applikation neu entwickelt werden. Um diesen

Entwicklungsaufwand zu umgehen, gibt es Web Apps, auf die nun genauer eingegangen wird.

6.2.1.2 Die Web App

Eine Web App ist, wie der Name schon sagt, eine Anwendung, die im Web zuhause ist. Es ist eine spezielle Webseite auf Basis von HTML, CSS und JavaScript, die das Gerät erkennt, von welchem sie aufgerufen wird und dementsprechend die Inhalte für dieses Gerät optimiert darstellt. Diese Apps können von fast jedem Endgerät, das über einen Browser verfügt, aufgerufen werden und sind somit nicht plattformabhängig. Der Quellcode der Applikation liegt auf einem Webserver, was wiederum bedeutet, dass das Endgerät dauerhaft zum Laden der Inhalte mit dem Internet verbunden sein muss.

Der Vorteil ist, dass diese Applikation bei Aktualisierung oder Änderung nicht auf jedem Endgerät individuell von den Nutzern aktualisiert werden muss, sondern lediglich einmal auf dem Server, und der Nutzer erhält beim nächsten Aufruf der Webseite die aktualisierte Version.

Diese Art von Apps können nicht aus dem entsprechenden Download-Portal der Plattformen heruntergeladen werden und aus Sicherheitsgründen wird auch der Zugriff auf die Gerätehardware und damit auf die Betriebssystemfunktionen verboten. Häufig wird für die Erstellung einer Web App ein Framework benutzt, welches dem Programmierer die Arbeit erleichtert. Ein solches Framework ist das jQuery Mobile Framework.

6.2.1.3 Die Hybrid App

Hybride Apps sind eine Kombination aus Nativen Apps und Web Apps. Diese Art von Apps versucht, die Vorteile von beiden Varianten zu vereinen. Hybride Apps basieren wie auch Web Apps auf HTML, CSS und JavaScript und werden bei der Benutzung in einem betriebssystemspezifischen Browser auf dem Smartphone aufgerufen. Dieser Browser gibt dem Benutzer das Gefühl, dass es sich nicht um einen Browser, sondern um eine ‚echte' App handelt, indem die Browserelemente, wie beispielsweise die Adressleiste, ausgeblendet werden.

Eine solche App muss auch aus dem entsprechenden Download-Portal heruntergeladen und installiert werden, verfügt jedoch im Gegensatz zu einer normalen Web App über den Zugriff auf die Gerätehardware. Solche hybriden Anwendungen werden häufig mit Frameworks entwickelt, die zu dem HTML-, CSS- und JavaScript-Codes automatisch den für die entsprechende Plattform notwendigen Code hinzufügen. Bekannte Frameworks zur hybriden App-Entwicklung sind Framework7 und Apache Cordova.

Das jQuery Mobile Framework, welches Ihnen in diesem Kapitel vorgestellt werden wird, ist optimiert für die Erstellung von Web Apps. Folglich wird nun noch einmal genauer auf die Architektur einer Web App eingegangen.

6.2.2 HTML – CSS – Javascript

Grundsätzlich setzen sich Webseiten und damit auch Web Apps aus drei verschiedenen Komponenten zusammen: Inhalt, Design und Funktionalität. Für jede Komponente wird eine eigene Sprache benutzt:

Der Inhalt, die Struktur und das grundlegende Layout werden mit Hilfe der Auszeichnungssprache HTML (Hypertext Markup Language) definiert. Da jedoch kein ansprechendes Design durch reines HTML erzeugt werden kann, wird zusätzlich die Beschreibungssprache CSS (Cascading Style Sheets) benötigt. CSS ist für das Aussehen und die Darstellung von strukturierten HTML-Elementen verantwortlich. Zusätzlich wird noch eine Sprache benötigt, die die Interaktion mit dem Benutzer zulässt, also eine statische Webseite zu einer dynamischen macht. Hierfür hat sich die Programmiersprache JavaScript durchgesetzt. Diese haben Sie ja bereits kennengelernt. Auf den ersten Blick wirkt dieses sich aus drei Komponenten zusammengesetzte Konzept sehr kompliziert, da folglich alle drei Sprachen beherrscht werden müssen, um eine Web App zu erstellen. An dieser Stelle setzt das jQuery Mobile Framework ein, welches einem die Programmierung von Web Apps, die speziell für mobile Geräte optimiert sind, erleichtert.

6.2.3 jQuery Mobile

jQuery Mobile ist ein JavaScript Framework, welches die Erstellung einer anschaulichen Benutzeroberfläche für eine mobile Web App stark vereinfacht. Üblicherweise wird die Benutzeroberfläche nur mit einfachen HTML erstellt und das jQuery Mobile Framework fügt automatisch Style und Layout sowie Funktionalitäten für Widgets, wie beispielsweise Buttons oder Slide Bars, hinzu. Es ist zudem zusätzlich möglich, falls gewünscht, die vom Framework erzeugten JavaScript- und CSS-Dateien noch nachträglich zu bearbeiten.

6.2.3.1 Plattformunterstützung

Ein weiter positiver Aspekt des jQuery Mobile Framework ist die große Plattformunterstützung. Es werden die große Mehrheit aller bekannten und aktuellen Desktop-, Tablet-, Smartphone- und E-Reader-Plattformen sowie alle gängigen Browser unterstützt. Eine genaue Auflistung der unterstützten Systemen lässt sich auf der jQuery Mobile Homepage unter https://jquerymobile.com/browser-support/ finden.

Abbildung 26: Auswahl an unterstützen Browsern und Plattformen

6.2.3.2 Installation

Nachdem jetzt bekannt ist, was jQuery Mobile ist, stellt sich die Frage, wie man es installiert und verwendet. Der ‚Installationsprozess' ist sehr einfach, es müssen lediglich vier Codezeilen in ein Standard-HTML-Dokument eingefügt werden.

```
<!DOCTYPE html>
<html>
<head>
      <title>Page Title</title>
   ① <meta name="viewport" content="width=device-width, initial-scale=1">
   ② <link rel="stylesheet" href="http://code.jquery.com/mobile/[version]/jquery.mobile-[version].min.css" />
   ③ <script src="http://code.jquery.com/jquery-[version].min.js"></script>
   ④ <script src="http://code.jquery.com/mobile/[version]/jquery.mobile-[version].min.js"></script>
</head>

<body>
      ...content goes here...
</body>
</html>
```

Abbildung 27: Installation jQuery Mobile

Zunächst einmal muss der HTML5 Doctype *<!DOCTYPE html>* eingebunden werden, damit die *data-Tags*, die später erklärt werden, korrekt unterstützt werden.

In der ersten eingefügten Zeile wird der Viewport, also der Ansichtsbereich, mit Hilfe eines Meta-Tags festgelegt. Der Viewport wird vom Browser benötigt, damit dieser weiß, welchen Teil der Webseite er auf dem Display anzeigen soll. Die optimale Lösung ist, diesen auf die Displaygröße des verwendeten Geräts einzustellen.

Die nächste Zeile fügt das jQuery Mobile CSS-Stylesheet hinzu. Zeile 3 und 4 binden den jQuery JavaScript Code ③ und den jQuery Mobile JavaScript Code ④ ein. Diese drei Dateien können entweder direkt vom jQuery Server oder vom eigenen Webserver eingebunden werden.

6.2.3.3 Seitenaufbau

Grundsätzlich hat sich bei jQuery Mobile ein Konzept für den Seitenaufbau durchgesetzt, wobei jede Einzelseite (page) in 3 unterschiedliche Bereiche aufgeteilt wird: in den Kopfbereich (header), den Inhaltsbereich (main) und den Fußbereich (footer). Dies geschieht über das Attribut *data-role.*

```
<body>
<div data-role="page">
        <div data-role="header">
                <h1>Page Title</h1>
        </div>
        <div role="main" class="ui-content">
                <p>Page content goes here.</p>
        </div>
        <div data-role="footer">
                <h4>Page Footer</h4>
        </div>
</div>
</body>
```

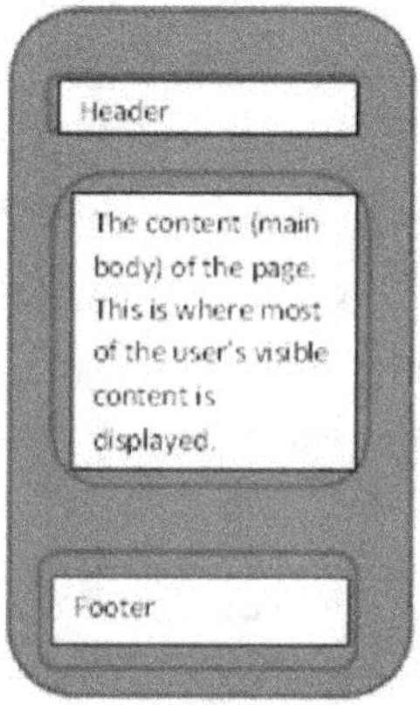

Abbildung 28: Seitenaufbau und Schema

Mit dem Attribut *<div data-role="page">* wird ein div-Bereich für eine Seite erzeugt. Alles, was in diesem Bereich steht, wird von der Laufzeitumgebung als Webseite angezeigt. Diese Seite untergliedert sich nun in die oben schon erwähnten, Kopf-, Inhalts- und Fußbereiche.

Das Attribut *<div data-role="header">* erzeugt eine Kopfzeile, wo häufig der Titel der Seite, ein Suchfeld oder andere wichtige Interaktionsflächen, wie beispielsweise ein Zurück-Button oder ein Home-Button, untergebracht werden.

Innerhalb des *<div data-role="main">* wird der gesamte Inhalt, wie Texte, Bilder, Tabellen, Listen, Formulare usw. eingefügt. Häufig wird dieser noch durch die *class="ui-content"* ergänzt, um einen Abstand zwischen den Außenrändern und dem Inhalt zu erhalten.

Am Ende einer Seite gibt es noch den *<div data-role="footer">* Container, welcher den Fußbereich kennzeichnet. Hier findet man üblicherweise einen Link zum Impressum sowie Copyright-Vermerke oder sonstige rechtliche Hinweise.

Es ist möglich, in einem HTML-Dokument mehrere Seiten zu haben. Dafür benötigt jede Seite, also jeder *<data-role="poge">*-Bereich eine zusätzliche, einzigartige ID, die hinten an das div-Attribut mit *id="einzigartiger_Name"* angefügt wird. Um jetzt auf eine dieser Seiten innerhalb des HTML-Dokuments zu verlinken, wird die ID mit vorgesetzter Raute, also beispielsweise *href="#einzigartiger_Name"*, angegeben. Das hat den Vorteil, dass die Ladezeiten stark verringert werden können, da die Inhalte bei einem Seitenwechsel bereits geladen sind und so die Usability zunimmt.

6.2.3.4 Widgets

jQuery Mobile stellt eine große Auswahl an Interaktionen, Widgets, Events und Animationen für häufig auftretende Benutzeranforderungen zur Verfügung. Diese erleichtern dem Entwickler die Programmierung einer mobile-freundlichen Anwendung. Im Folgenden möchte ich Ihnen einen kleinen Ausschnitt der vorhandenen Elemente vorstellen. Zudem werde ich nur auf die grundlegenden Funktionen der Elemente eingehen, da jedes Element noch über eine große Anzahl an Variationen und Einstellmöglichkeiten verfügt. Genauere Informationen zu den Elementen können auf der jQuery Mobile Homepage unter http://demos.jquerymobile.com/1.4.5/ gefunden werden.

6.2.3.4.1 Buttons

Auf fast jeder Webseite werden anklickbare Schaltflächen benötigt, beispielsweise zur Navigation oder zum Absenden eines Formulars. Diese Buttons müssen bei mobilen Anwendungen durch einfaches Antippen mit den Fingern genutzt werden können. Ein Button zur Navigation auf die Seite „#anylink“ mit der Aufschrift „Button“ wird auf folgende Weise erzeugt:

```
<a href="#anylink" class="ui-btn">Button</a>
```

Abbildung 29: Code und Darstellung eines Button

Das Design erhält der Button von jQuery Mobile und somit wird dieser sowohl auf Desktop- als auch auf mobilen Geräten benutzerfreundlich angezeigt. Es gibt noch einige weitere Einstellungsmöglichkeiten für Buttons, wie zum Beispiel Grouped Buttons, Back Buttons usw., auf welche an dieser Stelle nicht genauer eingegangen wird.

Ein gleichwertiger Selektor zur Verwendung von gültigem CSS ist .$(":button")$("button, input[type='button']").

Da es sich um eine jQuery-Erweiterung handelt, die nicht Teil der CSS-Spezifikation ist, können Abfragen, die verwendet werden, die Leistungssteigerung der systemeigenen DOM-Methode nicht nutzen. Um die beste Leistung bei der Verwendung von Elementen zu erzielen, wählen Sie zuerst die Elemente mit einem reinen CSS-Selektor aus und verwenden Sie dann .filter(":button"). :button:buttonquerySelectorAll():button.

Beispiel:

Suchen Sie alle Tasteneingänge und markieren Sie sie.

```
<!doctype html>
<html lang="en">
<head>
 <meta charset="utf-8">
 <title>button demo</title>
 <style>
```

```
 textarea {
  height: 35px;
 }
 div {
  color: red;
 }
 fieldset {
  margin: 0;
  padding: 0;
  border-width: 0;
 }
 .marked {
  background-color: yellow;
  border: 3px red solid;
 }
 </style>
 <script src="https://code.jquery.com/jquery-3.5.0.js"></script>
</head>
<body>

<form>
 <fieldset>
  <input type="button" value="Input Button">
  <input type="checkbox">
```

```
    <input type="file">
    <input type="hidden">
    <input type="image">
    <input type="password">
    <input type="radio">
    <input type="reset">
    <input type="submit">
    <input type="text">
    <select>
      <option>Option</option>
    </select>
    <textarea></textarea>
    <button>Button</button>
  </fieldset>
</form>
<div></div>
<script>
var input = $( ":button" ).addClass( "marked" );
$( "div" ).text( "For this type jQuery found " + input.length + "." );
// Prevent the form from submitting
```

```
$( "form" ).submit(function( event ) {
 event.preventDefault();
});
</script>

</body>
</html>
```

Und das Ergebnis:

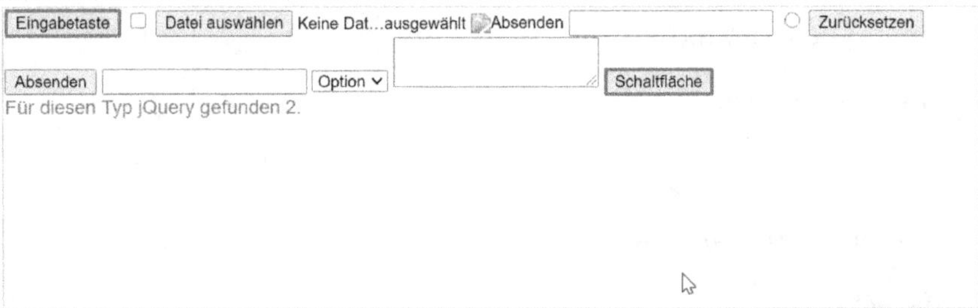

Abbildung 30: Tasteneingänge suchen und markieren

Klasse, oder? Auf zum nächsten Widget!

6.2.3.4.2 Icons

Es wird mit jQuery Mobile eine ganze Reihe von verschiedenen Icons mitgeliefert, die bspw. einen Button wesentlich anschaulicher gestalten. So lässt sich ein Home-Button mit einem passenden kleinen Home-Icon ausstatten.

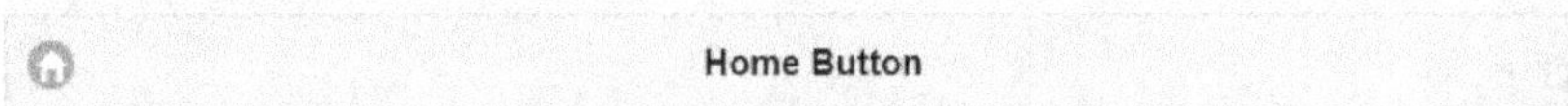

Abbildung 31: Home-Button mit Icon

Um das Icon zum Button hinzuzufügen, müssen lediglich der Icon-Name mit *ui-icon-[Icon-Name]* und die Position innerhalb des Buttons mit *ui-btn-icon-[Position]* angegeben werden. In Widgets, in denen Sie das Symbol mit einem Attribut festlegen, verwenden Sie den Namen des Symbols als Wert, zum Beispiel:.data-icondata-icon="arrow-r".

Um ein Symbol zum Verknüpfen von Schaltflächen und Elementen hinzuzufügen, verwenden Sie den Namen, der als Klasse vorangestellt ist, zum Beispiel: Siehe auch Schaltflächenmarkup.buttonui-icon-ui-icon-arrow-r

6.2.3.4.3 Popups

Ein Popup ist ein Fenster, das erscheint und über der aktuellen Seite angezeigt wird. Häufig werden Popups benutzt, um kurze Texte mit Hinweisen oder Fotos anzuzeigen.

```
<a href="#myPopup" data-rel="popup" class="ui-btn ui-btn-inline ui-corner-all">Show Popup</a>

<div data-role="popup" id="myPopup">
  <p>This is a simple popup.</p>
</div>
```

Abbildung 32: Code Popup

Der hier gezeigte Code erzeugt einen Button mit der Aufschrift „Show Popup“. Bei Klick auf diesen Button wird ein Fenster geöffnet, in dem der Text ‚This is a simple popup‘ steht.

Abbildung 33: Button vor Klick (links), Button nach Klick (rechts)

Ein modales Feld ist ein Popupfenster, das den Benutzer zwingt, mit ihm zu interagieren, bevor er zur Seite zurückkehrt. Modalfelder sind nützlich für Warnungen, Informationsfelder und vieles mehr. Sie können ein modales Feld mit jQuery erstellen.

//appends an "active" class to .popup and .popup-content when the "Open" button is clicked

```
$(".open").on("click", function() {
  $(".popup-overlay, .popup-content").addClass("active");
});

//removes the "active" class to .popup and .popup-content when the "Close" button is clicked
$(".close, .popup-overlay").on("click", function() {
  $(".popup-overlay, .popup-content").removeClass("active");
});
```

Dies ist eine interaktive Codeanzeige, die Ihnen HTML, CSS, jQuery und eine Demo der Ausgabe anzeigt. Um ein modales Pop-up zu erstellen, müssen Sie zunächst die HTML-Struktur einrichten.

Sie müssen Klassen für das Popup-Overlay und den Popupinhalt erstellen, damit Sie sie getrennt vom Rest des Dokuments bearbeiten können.

```
<!--Creates the popup body-->
<div class="popup-overlay">
<!--Creates the popup content-->
 <div class="popup-content">
   <h2>Pop-Up</h2>
   <p> This is an example pop-up that you can make using jQuery.</p>
   <!--popup's close button-->
   <button class="close">Close</button>
</div>
```

```
</div>

<h2>jQuery Pop-Up Example</h2>

<button class="open">Open</button>
```

In diesem Beispiel werden die Klassen "popup-overlay" und "popup-content" erstellt, damit CSS sie speziell formatieren kann.

Beachten Sie die Schaltflächenelemente in diesem Beispiel. Wir haben Schaltflächen hinzugefügt, die wir das Pop-up auslösen möchten. Eine Schaltfläche wurde der Klasse "offen" gegeben, während die andere die Klasse "schließen" hat. Diese werden später verwendet, um das Pop-up zu öffnen und zu schließen.

In CSS müssen Sie die Klassen "Popup-Overlay" und "Popup-Content" so formatieren, dass sie zunächst ausgeblendet werden. Ein Pop-up wäre kein Pop-up, wenn es von Anfang an sichtbar wäre. Wir können das Pop-up ausblenden, indem wir die Sichtbarkeit der Klassen ändern:

```
.popup-overlay {
visibility:hidden;
}

.popup-content {
visibility:hidden;
}
```

Nun, wir wollen nicht, dass das Pop-up für immer versteckt wird, also müssen wir einen speziellen Anwendungsfall in der CSS bestimmen, wenn das Pop-up angezeigt werden sollte. Wir verwenden jQuery, um zu bestimmen, wann das Pop-up sichtbar sein soll.

jQuery hat die Möglichkeit, Klassen basierend auf Aktionen

hinzuzufügen und zu entfernen (z. B. durch Klicken). Wenn wir also die jQuery so programmieren, dass sie eine Klasse namens "aktiv" hinzufügt, wenn auf die Schaltfläche "öffnen" geklickt wird, können wir die "aktive" Klasse in CSS verwenden, um das Pop-up anzuzeigen. Fügen Sie die "aktive" Klasse an die Popupklassen an und erstellen Sie ein neues Styling für den Zeitpunkt, zu dem das Pop-up sichtbar ist.

Im folgenden Beispiel erfahren Sie, wie dieses CSS-Styling aussehen soll:

```
.popup-overlay.active{
visibility:visible;
}
.popup-content.active {
visibility:visible;
}
```

Jetzt ist es an der Zeit, die jQuery hinzuzufügen. Stellen Sie sicher, dass Sie Ihr HTML-Dokument für jQuery einrichten, bevor Sie jQuery-Code hinzufügen. Wenn also auf die HTML-Schaltflächen "Öffnen" und "Schließen" geklickt wird, muss jQuery die "aktive" Klasse hinzufügen oder entfernen.

Diese erste Anweisung fügt die "aktive" Klasse hinzu, wenn auf die Schaltfläche "Öffnen" geklickt wird.

```
$(".open").on("click", function(){
$(".popup, .popup-content").addClass("active");
});
```

In diesem Fall wird die "aktive" Klasse an die Pop-up-Klassen angehängt, wodurch die Sichtbarkeit des Pop-ups in "sichtbar" geändert wird. Mit anderen Worten, das Pop-up wird angezeigt.

Diese zweite Anweisung entfernt die "aktive" Klasse, wenn auf die Schaltfläche "Schließen" geklickt wird.

```
$(".close, .popup").on("click", function(){
$(".popup, .popup-content").removeClass("active");
});
```

In diesem Fall wird die "aktive" Klasse aus den Pop-up-Klassen entfernt, wodurch Sie zu Ihrem vorherigen Styling zurückkehren, bei dem die Sichtbarkeit auf "Ausgeblendet" festgelegt ist.

Fügen Sie dem Dokument beide Anweisungen von jQuery hinzu. Wenn all dies korrekt abgeschlossen ist, haben Sie ein rudimentäres modales Pop-up-Feld.

6.2.3.4.4 Tables

Es gibt zwei verschiedene Arten von Tabellen in jQuery Mobile, die als benutzerfreundlich für mobile Geräte angesehen werden: Reflow Table & Column Toggle Table. Beide Tabellen erhalten das Design auch automatisch vom Framework.

Die Tabellendaten werden bei der Reflow-Tabelle horizontal angeordnet, wenn der Platz ausreicht. Wenn nicht genügend Platz vorhanden ist, werden die Daten vertikal gruppiert.

Bei der Column Toggle Table werden automatisch Spalten ‚versteckt', wenn nicht genug Platz ist, um alle Spalten anzuzeigen. Es werden, wenn nicht anders festgelegt, je nach verfügbarem Platz zum Anzeigen, die Spalten von links nach rechts ausgeblendet. Der Besucher bekommt zusätzlich ein Feld, wo er auswählen kann, welche Spalten er angezeigt bekommen möchte.

6.2.3.4.5 List Views

Listen bzw. Aufzählungen sind in jQuery Mobile klassische HTML-Listen, also entweder ungeordnete Listen *<ul>* oder geordnete Listen *<ol>*. Zusätzlich muss noch das Attribut *data-role="listview"* zu dem Element hinzugefügt werden. Jeder Listeneintrag wird durch *<li>* gekennzeichnet. Auch hier gibt es wieder einige verschiedene Optionen für das Aussehen und die Funktion einer Liste, diese kann unter anderem abgerundete Ecken, einen Trenner (bei alphabetischen Listen zum Beispiel nach jedem Buchstaben), eine Filterfunktion, eine Suchfunktion oder Ähnliches haben.

Abbildung 34: Beispiel-Liste mit Trenner bei jedem Buchstabe

6.2.3.4.6 Forms

Formulare ermöglichen die Interaktion zwischen Besucher und Anwender, sind also die Schnittstelle zwischen Mensch und Maschine. Die Standard-HTML-Dokumente werden von dem Framework so angepasst, dass diese auch vom Touchscreen aus problemlos benutzt werden können.

Es werden folgende Form-Elemente von jQuery Mobile unterstützt:

- Verschiedene Text- & Such-Eingabefelder
- Radio Buttons & Checkboxen
- Select Menüs
- Sliders

• Flip Toggle Switches

Eine genaue Dokumentation zur Benutzung dieser Elemente lässt sich auf der jQuery Mobile Homepage finden. An dieser Stelle soll Ihnen nur noch ein optischer Einblick in das Aussehen dieser Formularelemente gegeben und nicht genauer auf den Code eingegangen werden.

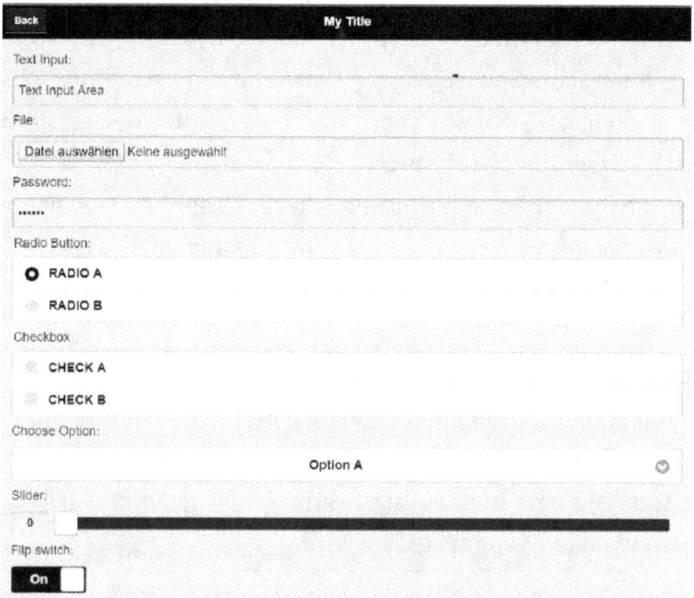

Abbildung 35: Beispiel möglicher Form-Elemente

6.2.3.5 Events

Ein Event reagiert auf die verschiedenen Aktionen von Benutzern. Durch die Benutzung von Events wird eine Webseite noch dynamischer gestaltet. jQuery Mobile kategorisiert die verschiedenen Arten von Events in 4 Bereiche: Touch events, Scroll events, Page events und Orientation events.

6.2.3.5.1 Touch Events

Touch-Gesten emulieren die Maus auf mobilen Geräten und Touchscreens und sind äquivalent zu den Click-Events der Maus. Dementsprechend sind Touch-Events nichts anderes als Aktionen, die der User durch bestimmte Gesten auf dem Touchscreen ausführt.

jQuery Mobile stellt fünf verschiedene Touch-Events zur Verfügung: *Tap* (wird durch ein einfaches tippen ausgelöst), *Taphold* (wird durch tippen und halten ausgelöst), *Swipe* (wird durch horizontale ‚Wischbewegung' ausgelöst), *Swipeleft* (wird durch ‚Wischbewegung' nach links ausgelöst), *Swiperight* (wird durch ‚Wischbewegung' nach rechts ausgelöst). Der Entwickler kann hinter jede dieser Gesten eine eigene Aktion legen, die dann ausgeführt wird. Dies kann zum Beispiel das Öffnen eines Pop-up-Fensters sein oder die Navigation auf eine andere Seite.

6.2.3.5.2 Scroll Events

jQuery Mobile bietet zwei verschiedene Scroll Events an: Wenn der Benutzer anfängt, zu scrollen, und wenn er aufhört, zu scrollen. Wie auch bei den Touch-Events können hier Aktionen ausgeführt werden, wenn das entsprechende Event ausgelöst wird.

6.2.3.5.3 Orientation Event

Das Orientationchange Event wird aufgerufen, wenn der Benutzer sein Mobile Device dreht. So lässt sich beispielsweise die Breite von Tabellen oder Bildern ändern, wenn der Benutzer die Ausrichtung seines Gerätes ändert.

6.2.3.5.4 Page Events

Events für den Umgang mit Seiten werden in jQuery Mobile noch einmal in vier Kategorien unterteilt, die verschiedene Events beinhalten: *Initialization* (Event wird ausgelöst, bevor die Seite geladen wird oder wenn die Seite fertig geladen wurde), *Load/Unload* (vor dem Laden einer externen Seite, beim fertigen Laden, wenn das Laden fehlgeschlagen ist), *Transition* (Events, die vor oder nach dem Übergang auf eine neue Seite ausgelöst werden).

6.2.3.6 ThemeRoller

Beim genaueren Betrachten des bis hierhin vorgestellten Konzepts stellt sich die Frage, warum nicht alle mit jQuery Mobile erstellten Seiten gleich aussehen. Schließlich ist die Darstellung einer jQuery Mobile-Anwendung weitestgehend vom CSS-Stylesheet getrieben und wie bei der Installation beschrieben wird eine auf dem jQuery-Server liegende CSS-Datei benutzt.

jQuery Mobile stellt in diesem Style-Sheet fünf verschiedene Farbfelder, gekennzeichnet durch die Buchstaben a-f, zur Verfügung, die auf einzelne Elemente, wie einen Button, auf ganze Bereiche, wie den Kopfbereich, oder auch auf die ganze Seite angewendet werden können. Diese werden einfach an dem entsprechenden Element oder Bereich mit dem Attribut *data-theme="[Buchstabe a-f]"* aktiviert. Im folgenden Bild sieht man das Aussehen der Farbfelder. Im Kopfbereich steht der entsprechende Buchstabe, der in dem Attribut eingetragen werden muss.

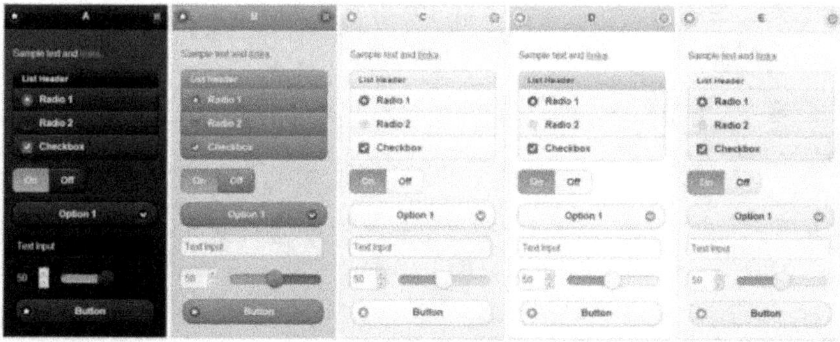

Abbildung 36: Farbfelder a-f

Diese fünf Möglichkeiten stellen jedoch nicht jeden Anwender zufrieden.

Damit man der Anwendung einen ganz eigenen und individuellen Look & Feel geben kann, besteht die Möglichkeit, die CSS-Datei auszutauschen und eine auf dem eigenen Webserver liegende Datei einzubinden. Diese CSS-Datei kann man zwar selbst schreiben, jedoch stellt jQuery Mobile hierfür einen sehr einfachen und komfortablen Assistenten bereit, den *jQuery Mobile ThemeRoller*.

Der ThemeRoller ist eine grafische Oberfläche zum Entwerfen und Anpassen von eigenen Farbfeldern. In diesem Tool können nach Belieben Themen und Farbfelder innerhalb des Themas erzeugt und per Drag & Drop den eigenen Wünschen angepasst werden. Es können Schrift- & Hintergrundfarbe, Schriftart, Schatten, die Ecken von Buttons und noch viele weitere Eigenschaften angepasst werden. Das so erstellte Theme mit den einzelnen Farbfeldern kann anschließend heruntergeladen werden und muss nun nur noch in das HTML-Dokument eingebunden und anschließend auf dem Webserver, der die Anwendung hostet, hochgeladen werden.

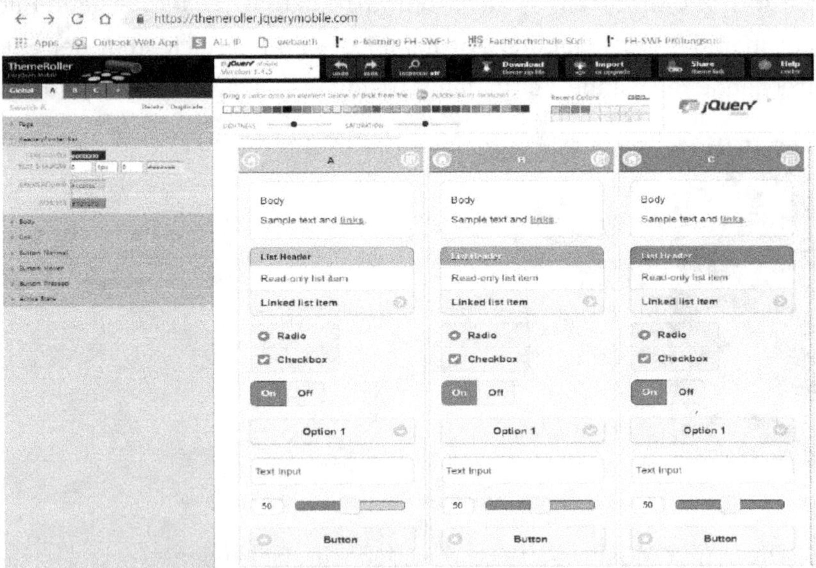

Abbildung 37: ThemeRoller mit Beispiel Farbfeldern

6.2.4 jQuery Mobile als Hybride App

Auch wenn das jQuery Mobile Framework für die Entwicklung von Web Apps gedacht ist, ist es möglich, eine Native bzw. Hybride App damit zu entwickeln, die dann aus dem AppStore oder dem Google PlayStore heruntergeladen werden kann. Allerdings wird für diese Hybride App-Entwicklung ein weiteres Framework benötigt, zum Beispiel Apache Cordova.

Apache Cordova ist ein Opensource Entwicklungs-Framework zur Erstellung von hybriden Applikationen für mobile Endgeräte. Es wird ein Container über den mit jQuery Mobile entwickelten HTML-, CSS- und JavaScript- Code gelegt, der Zugriff auf die Betriebssystemfunktionen hat und den Nutzer denken lässt, dass es sich um eine klassische Native App handelt.

Abbildung 38: Funktionsweise Apache Cordova

Sie haben also jetzt einen runden Gesamteindruck über das Thema jQuery erhalten. JavaScript agiert hier als fundamentales Bollwerk einer Programmiersprache, die stetig weiterentwickelt wird.

In naher und ferner Zukunft werden wir alle durch die zunehmende Verwendung von KIs (künstlicher Intelligenz) dazu angehalten sein, eine Visualisierung zu schaffen, welche die höchstkomplexen mathematischen Algorithmen, die der künstlichen Intelligenz zugrundliegen, in eine für den Anwender sinnvolle Sprache und ein handhabbares Design implementiert. Hierbei entwickeln sich Programmiersprachen, Plug-Ins und die gesamte Software-Architektur Hand in Hand mit den Entwicklern und App-Designern weiter.

6.3. DIE STRUKTUR VON HTML

Im engeren Sinne ist HTML keine Programmiersprache, sondern steht für **H**yper**T**ext **M**arkup **L**anguage. Das bedeutet, dass Sie mit HTML keine Funktionen ausführen können, wie es in C+ oder Java möglich ist. Trotzdem bildet HTML den Kern einer Webseite ab, denn ohne HTML gibt es keine Struktur. Strukturen helfen dem Leser, die Nachricht eines Online-Auftritts besser zu verstehen und sich auf der Webseite zu navigieren.

Ein wesentliches Element von HTML sind die h-tags. Es gibt sechs verschiedene h-tags:

<h1> Überschrift erster Ordnung </h1>

<h2> Zwischenüberschrift vierter Ordnung </h2>

<h3> Zwischenüberschrift zweiter Ordnung </h3>

<h4> Zwischenüberschrift dritter Ordnung</h4>

<h5> Zwischenüberschrift vierter Ordnung </h5>

<h6> Zwischenüberschrift fünfter Ordnung</h6>

Im Grunde genommen werden die h-tags benutzt, um Text zu strukturieren. Sie können das Gleiche ebenfalls in Word sehen, wenn Sie einen Text schreiben und Überschrift 1, Überschrift 2 und Überschrift 3 verwenden. Diese Struktur wird anschließend auch im Inhaltsverzeichnis verzeichnet.

Hier ist noch ein Beispiel für die hierarchische Struktur von Textinhalten:

- Überschrift h1
- Überschrift h2
- Überschrift h3
- Überschrift h2
- Überschrift h3
- Überschrift h3
- Überschrift h2

Sehen Sie hier die Hierarchie? Diese Hierarchie ist nicht nur wichtig, wenn Sie dem Leser einen schnellen Überblick geben wollen. Sie ist auch wesentlicher Bestandteil einer barrierefreien Webseite und einer der ersten Ansätze für das Optimieren einer Webseite für die Suchmaschine. Die Suchmaschine durchsucht nämlich die Webseiten und orientiert sich an einer korrekten Strukturierung. Hier gibt es einige Regeln:

Der h1-Tag darf nur einmal vorkommen.

Die Hierarchie muss auf jeden Fall beachtet werden! Der h1-Tag kommt immer vor den anderen Tags. Als Unterpunkt für den h2-Tag darf nicht der h4-Tag benutzt werden, sondern der h3-Tag.

Lassen Sie uns die konkrete Anwendung von den h-Tags genauer betrachten. Im Folgenden ist ein Beispiel für einen HTML-Code. Ich habe den HTML-Code fett markiert.

Code	Output
<html> **<body>** **<h1>** Omas Lieblingsrezepte **</h1>** **<p>** Hier sind Omas Lieblingsrezepte, die sie in ihrem Leben gesammelt hat. Viel Spaß beim Nachkochen! **</p>** **<h2>** Cookies **</h2>** **<h3>** Zutaten **</h3>** **<p>** Mehl, Zucker, Eier, Butter **</p>** **<h3>** Zubereitung **</h3>** **<p>** Zutaten verrühren, mit einem Löffel kleine Kügelchen auf das Backblech legen und im Ofen bei 200 Grad 20 Minuten backen **</p>** **</body>** **</html>**	**Omas Lieblingsrezepte** Hier sind Omas Lieblingsrezepte, die sie ihrem Leben gesammelt hat. Viel Spaß beim Nachkochen! **Cookies** **Zutaten** Mehl, Zucker, Eier, Butter **Zubereitung** Zutaten verrühren, mit einem Löffel kleine Kügelchen auf das Backblech legen und im Ofen bei 200 Grad 20 Minuten backen.

6.3.1 HTML-Elemente

Jeder HTML-Code besteht aus Klammern und dem Element in der Mitte. Für jedes Element gibt es üblicherweise einen öffnenden und einen schließenden Tag. Bei einem schließenden Tag wird zusätzlich noch ein Schrägstich nach der ersten Klammer gesetzt. Die HTML-Elemente geben der Information zwischen den Tags eine Bezeichnung. Nicht jedes Element benötigt beide Tags; bei einigen Elementen, wie beispielsweise

<hr> und <br>, wird nur der öffnende Tag benötigt.
 sorgt dafür, dass eine neue Zeile angefangen wird und <hr> wird für eine Trennlinie benötigt.

<h1>	Omas Lieblingsrezepte	</h1>
Öffnendes Tag	Information	Schließendes Tag

Man kann sich das HTML-Tag als Container vorstellen, in denen sich die Informationen befinden.

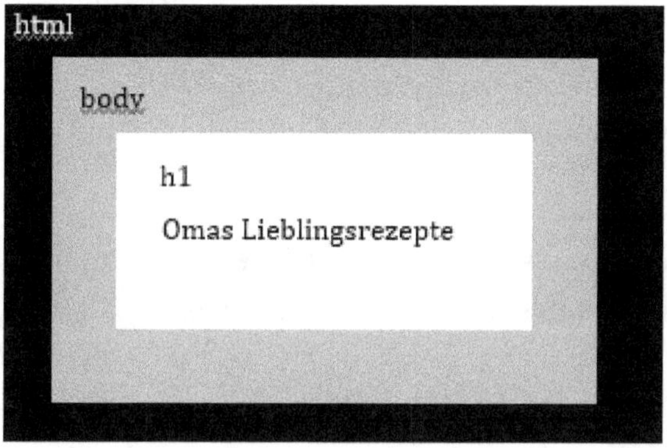

Abbildung 39: HTML-Container

Übung:

Gehen Sie zu codepen.io und klicken Sie auf „Start Coding"! Sie müssen sich nicht registrieren. In das Eingabefeld „html" können Sie nun Ihren Code einfügen und sehen dann auch sofort das Ergebnis des Codes. Versuchen Sie nun, den folgenden Text so zu strukturieren, dass er aussieht wie in der Tabelle.

Das ist meine erste Übung **Aufgabe:** Diesen Text so umzuschreiben, dass er so aussieht. **Schwierigkeitsgrad** Einfache und elementare Aufgabe **Mein Text sieht jetzt so aus wie vorgegeben.** **Hurra!**	Das ist meine erste Übung Aufgabe: Diesen Text so umzuschreiben, dass er so aussieht. Schwierigkeitsgrad Einfache und elementare Aufgabe Mein Text sieht jetzt so aus wie vorgegeben. Hurra!

Tipp: Benutzen Sie die h-Tags und den Paragraphen-Tag! Es sind insgesamt vier verschiedene Tags zu benutzen.

Lösung:

<h1> Das ist meine erste Übung </h1>

<h2> Aufgabe: </h2>

<p> Diesen Text so umzuschreiben, dass er so aussieht. </p>

<h2> Schwierigkeitsgrad </h2>

<p> Einfache und elementare Aufgabe </p>

<h3> Mein Text sieht jetzt so aus wie vorgegeben. </h3>

<h2> Hurra! </h2>

HTML-Attribute

Innerhalb der HTML-Elemente können ebenfalls noch Attribute verwendet werden. Attribute geben dem Element weitere Eigenschaften. Jedes Attribut besteht aus einem Namen und einem Wert, wobei der Wert in Anführungszeichen gesetzt werden muss.

Für ein Beispiel nehmen wir <hr>. Dieser Tag macht eine horizontale Linie und sorgt damit für die visuelle Trennung von Inhalten.

<hr>	<hr color="red">

Wie Sie sehen können, wird durch das Attribut der Farbe (color) und durch den Wert Rot (red) die Farbe der Linie geändert. Nun fragen Sie sich bestimmt, woher Sie denn wissen sollen, welche Attribute Sie bei welchen Elementen benutzen können?

Ein Webdesigner ist kein wandelndes Lexikon; um die genauen Anforderungen für jedes Element zu lesen, benutzen Sie gerne devdocs.io. Sie können dort nach den Tags suchen und sehen dann auf den ersten Blick, ob es sich um ein selbstschließendes Tag handelt (das heißt, dass kein schließendes Tag benötigt wird) und welche Attribute mit welchen Werten sinnvoll sind. Und mit ein bisschen Übung merken Sie schnell, welche Attribute wann sinnvoll sind.

Welche weiteren Attribute können Sie noch verwenden für den hr-tag?

6.3.2 HTML Boilerplate

Der HTML Boilerplate ist der Standardcode, der immer in einem HTML-Dokument vorhanden sein muss. Wir benutzen in diesem Buch den einfachsten Boilerplate, der für unsere Zwecke ausreicht. Auf htmlshell.com können Sie zusätzlich Boilerplates generieren lassen, um beispielsweise Google Analytics auf Ihrer Webseite einzubinden oder verschiedene Meta-Tags zu generieren, wie beispielsweise den Autor-Meta-Tag.

In Atom können Sie den Boilerplate sehr einfach generieren und Sie müssen sich den Aufbau nicht merken oder nachschlagen. Dies funktioniert so einfach, da wir das Package emmet heruntergeladen haben. Wenn Sie in Atom im Editor html schreiben, wird Ihnen emmet den Boilerplate automatisch vorschlagen. Sie müssen dann nur noch Enter klicken und schon haben Sie einen fertigen Boilerplate. Dieser sieht folgendermaßen aus:

```
<!DOCTYPE html>
<html lang="en" dir="ltr">
  <head>
    <meta charset="utf-8">
    <title></title>
  </head>
  <body>

  </body>
</html>
```

Der Boilerplate fängt mit der Deklarierung der Datei als eine HTML-Datei an. Anschließend folgt der HTML-Tag, in dem sich noch das Attribut der Sprache und der Leserichtung befindet. Die Leserichtung ist in den westlichen Ländern links nach rechts (also im Englischen left to right).

Anschließend kommt der head-Tag. Dieser Tag ist informativ; die Inhalte werden nicht auf der Webseite erscheinen. Hier werden Informationen zur Webseite hinterlegt oder es wird eben der Code für Google Analytics eingebunden. Die Meta-Tags, die im SEO-Bereich gerne angesprochen werden, befinden sich alle in diesem Bereich. In unserem generierten Boilerplate wird hier die Information angezeigt, dass für die Unicode-Zeichen die Kodierung UTF-8 angewendet wird. UTF-8 ist die gebräuchlichste Kodierung im westlichen Raum. Wenn Sie mit Sprachen arbeiten, die mehr Speicherbedarf benötigen, wie beispielsweise Russisch, müssen Sie eine andere Codierung anwenden. Da ich davon ausgehe, dass wir uns hier im westeuropäischem Raum bewegen, können Sie sich einfach UTF-8 merken.

Der title-Tag ist nicht mit dem h1-Tag zu verwechseln. Der title-Tag beinhaltet die Information, die im Browser in der Adresszeile angezeigt wird. Für die Suchmaschinenoptimierung sowie für die Nutzerfreundlichkeit ist es empfehlenswert, dass dieser Tag immer und strategisch eingesetzt wird.

Zuletzt folgt der body-Tag. In diesen Tag kommt der komplette Inhalt der Seite. Dieser wird auch angezeigt. Beispiele für Inhalte sind die h-Tags oder die p-Tags.

6.3.3 Der Code-Inspektor

Zu meinen bevorzugten Werkzeugen als Webdesigner gehört der Code-Inspektor. Der Code-Inspektor ist Bestandteil des Browsers Google Chrome und sehr praktisch. Das Grundprinzip ist, dass Sie sich den Quellcode der Webseite ansehen und diesen temporär verändern können, um Probleme schneller zu beheben. Temporär bedeutet, dass nur Sie diese Änderungen sehen können und mit dem Verlassen des Code-Inspektors alles beim Gleichen bleibt. In diesem Zusammenhang haben Sie aber auch mehr Freiheit beim Ändern des Codes und Sie können sich dort direkt austoben, ohne, dass es irgendwelche Auswirkungen hat. Den Code-Inspektor können Sie aufrufen, indem Sie gleichzeitig Steuerung, Umschalttaste und I drücken. Wenn Sie sich gerne einen spezifischen Teil des Codes ansehen möchten, klicken Sie mit Rechtsklick auf das entsprechende Element und wählen den Code-Inspektor auf. Im folgenden Beispiel habe ich zur Veranschaulichung den Titel eines Videos auf YouTube mit dem Code-Inspektor aufgerufen. Den Titel habe ich sowohl auf der Webseite als auch im Quellcode markiert.

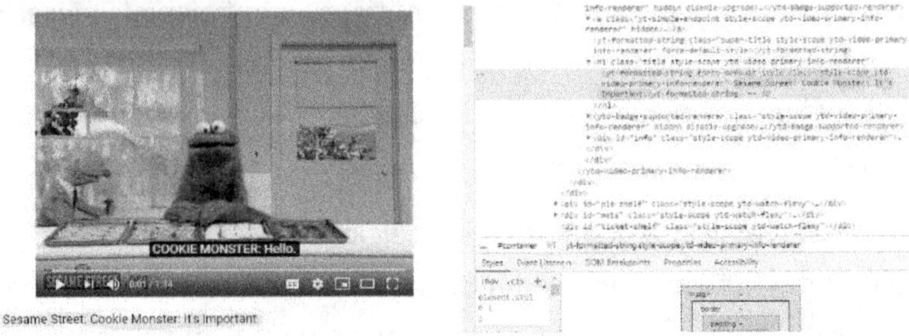

Abbildung 40: Beispiel Quellcode

Sie können nun im Quellcode den Code verändern. Sie können einfach in die entsprechende Zeile klicken und den Code ersetzen. Hier habe ich den Titel verändert. Diese Veränderungen sind alle temporär und nur für Sie sichtbar! Sie können es gerne ausprobieren! Hier sehen Sie, wie sich die Veränderung direkt auf der Webseite darstellen lässt:

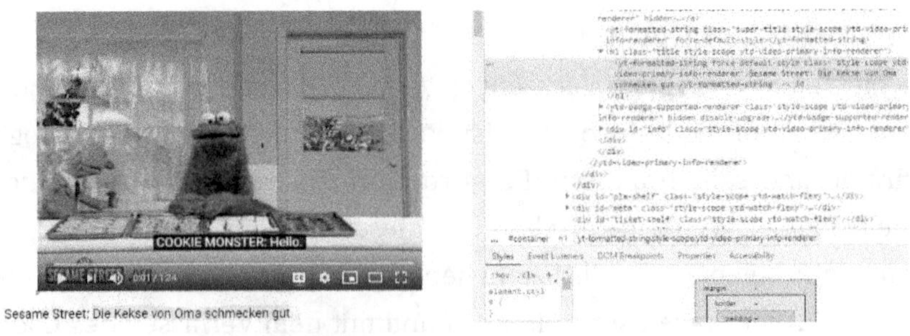

Abbildung 41: Beispiel Quellcode

Ich konnte also innerhalb von Sekunden eine kleine Veränderung bewirken und genau das beschreibt das Potential des Code-Inspektors. Ich benutze ihn sehr gerne, wenn ich sehen will, welche Parameter ich verwenden soll, welche Farben noch besser passen würden, wie viel Abstand benötigt wird und vieles mehr.

Wenn Sie bald auch an Webdesign-Projekten arbeiten werden, wird der Code-Inspektor Ihr bester Freund sein und Probleme ganz einfach beseitigen.

6.3.4 HTML-Dokument erstellen und aufrufen

Atom sollten Sie nun mit den Packages installiert haben. Um ein Dokument zu erstellen, können Sie einfach in der Menü-Leiste den ersten Reiter (File) und den Befehl „New File“ anklicken. Anschließend müssen Sie das Dokument abspeichern. Erstellen Sie dazu einen neuen Ordner, in dem sich alle Dokumente und Medien befinden, die für die Webseite wichtig sind. Außerdem benötigt der Dateiname die Endung „.html“. Ich habe mein Dokument üblicherweise „index.html“ genannt.

Wenn Sie sich das Package emmet heruntergeladen haben, können Sie nun einfach in der ersten Zeile des Dokument html tippen und den Vorschlag anwählen, den Atom Ihnen macht. Das HTML Boilerplate wird Ihnen anschließend automatisch angezeigt.

Ansonsten können Sie diesen Boilerplate in die ersten Zeilen tippen:

```
<!DOCTYPE html>

<html lang="en" dir="ltr">

 <head>

  <meta charset="utf-8">

  <title></title>

 </head>
```

```
  <body>

  </body>
</html>
```

Zwischen den title-Tags können Sie nun den Titel Ihrer Seite eingeben, wie beispielsweise „Meine erste Webseite". Dieser Titel wird nach dem Aufrufen in der Browser-Leiste angezeigt.

Nun können Sie zwischen den body-Tags den Inhalt Ihrer Seite angeben. Sie können die Tags aus den ersten Kapiteln dazu verwenden.

Wenn Sie fertig sind, können Sie das Dokument speichern. Zum Aufrufen klicken Sie auf die Datei in dem Ordner; es wird dann entweder der Standardbrowser oder das Editor-Programm benutzt, um die Datei auszugeben. Stellen Sie sich ein, dass die Datei direkt im Browser aufgerufen wird. In meinem Fall sieht das fertige Dokument im Browser folgendermaßen aus:

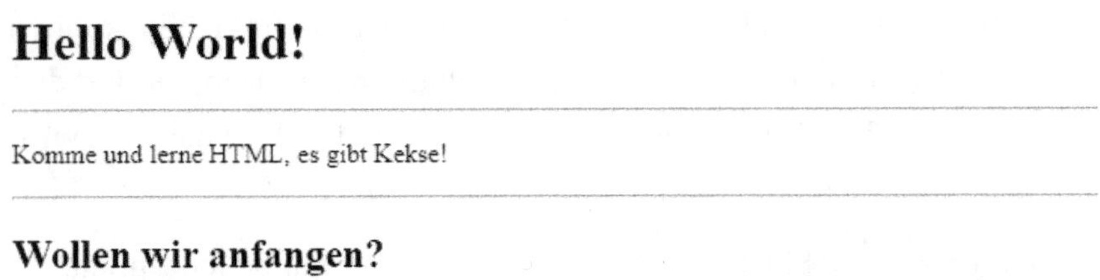

Sie können als Übung gerne versuchen, dieses Dokument selbstständig zu kopieren. Tipp: Es wurde mit vier Tag-Typen gearbeitet.

Lösung:

Hier ist die Lösung für den Code, den ich verwendet habe.

```
<!DOCTYPE html>
<html lang="en" dir="ltr">
 <head>
  <meta charset="utf-8">
  <title>Meine erste Webseite</title>
 </head>
 <body>
  <h1>Hello World!</h1>
  <hr>
  <p>
   Komme und lerne HTML, es gibt Kekse!
   </p>
   <hr>
   <h2> Wollen wir anfangen?</h2>
 </body>
</html>
```

6.3.5 Strukturelles Markup

In HTML unterscheiden wir zwischen strukturellem Markup und semantischem Markup. Wie der Name schon andeutet, geht es beim strukturellen Markup um die Struktur des Textes. In den ersten Kapiteln wurden bereits die h-Tags und die p-Tags erklärt, aber da diese Tags zu den wichtigsten und elementarsten Tags in HTML gehören und oft falsch verwendet werden, werde ich im Folgenden alle Tags für das strukturelle Markup erläutern und veranschaulichen.

6.3.5.1 HTML: Überschriften

Kurz zusammengefasst werden für Überschriften sechs verschiedene Tags benutzt, um die Hierarchie innerhalb einer Webseite zu verdeutlichen. Die wichtigste Überschrift wird mit dem h1-Tag markiert, die kleinste Überschrift mit dem h6-Tag. In HTML-Dokumenten wird die Größe automatisch dargestellt, wodurch es zur falschen Verwendung von h-Tags kommt. Viele Designer und vor allem die, die mit Pagebuildern arbeiten, kommen in die Versuchung, lediglich die Größe und nicht die logische Struktur eines Dokumentes zu beachten, und verwenden diese Tags entsprechend durcheinander. Ich möchte, dass Sie diesen Fehler nicht machen und darauf achten, dass die logische Struktur sich in den h-Tags widerspiegeln lässt. Denken Sie daran, dass Sie die Größe sowie andere tolle Attribute, beispielsweise die Farbe, mit Hilfe von CSS verändern können.

HTML	Output
<!DOCTYPE html> <html> <head> </head> <body> **<h1> Überschrift erster Ordnung </h1>** **<h2> Überschrift zweiter Ordnung </h2>** **<h3> Überschrift**	**Überschrift erster Ordnung** **Überschrift zweiter Ordnung** **Überschrift dritter Ordnung** **Überschrift vierter Ordnung** **Überschrift fünfter Ordnung** **Überschrift sechster Ordnung**

dritter Ordnung </h3> **<h4> Überschrift vierter Ordnung </h4>** **<h5> Überschrift fünfter Ordnung <h5>** **<h6> Überschrift sechster Ordnung <h6>** </body> </html>	

6.3.5.2 HTML: Paragrafen

Paragrafen werden mit dem p-Tag markiert. Auf einer Webseite werden Paragrafen automatisch mit etwas Abstand dazwischen angezeigt, um den Lesefluss zu verbessern. Es ist für den User einfacher, Fließtexte zu lesen, wenn der Text in einzelne Abschnitte unterteilt wird. Auch für SEO ist es wichtig, dass die einzelnen Paragrafen nicht zu groß sind, sondern eine angemessene Anzahl an Zeichen besitzen.

Paragrafen sind dazu da, um Fließtexte in sinnvolle Abschnitte zu unterteilen und Texte für den Leser verständlicher und einfacher darzustellen. In gemeinsamer Benutzung mit geeigneten Überschriften und Unterüberschriften bekommst du somit ein lesbares und logisch gegliedertes Dokument.

HTML
<!DOCTYPE html>
<html>
<head>
</head>
<body>
<p> Paragrafen sind dazu da, um Fließtexte in sinnvolle Abschnitte zu unterteilen und Texte für den Leser verständlicher und einfacher darzustellen. </p>
<p> In gemeinsamer Benutzung mit geeigneten Überschriften und Unterüberschriften bekommst du somit ein lesbares und logisch gegliedertes Dokument. </p>
</body>
</html>

6.3.5.3 HTML: Fett und kursiv

Mit Hilfe dieser beiden Elemente können Sie verschiedene Elemente im Text oder ganze Paragrafen optisch hervorheben. Eine ähnliche Funktion gibt es im semantischen Markup. Der große Unterschied hier ist, dass beim strukturellen Markup die Hervorhebung keine tiefere Bedeutung hat. Ein fett markierter Text ist dann nur fett markiert, aber es bedeutet nicht, dass er wichtiger ist als ein nicht markierter Text. Die Fett-Markierung wird mit dem b-Tag (bold) realisiert und die Kursiv-Markierung des Textes mit dem i-Tag (italic).

Ich möchte gerne, dass mein **Keyword** im Text hervorgehoben wird.

Ich komme aus *Italien* und esse gerne *Gelato*

HTML

```
<!DOCTYPE html>

<html>

<head>

</head>

<body>

<p> Ich möchte gerne, dass mein <b> Keyword </b> im Text her-
vorgehoben wird. </p>

<p> Ich komme aus <i> Italien </i> und esse gerne <i> Gelato </i>
</p>

</body>

</html>
```

6.3.5.4 HTML: Hochgestellt und tiefgestellt

Eine weitere Möglichkeit für strukturelles Markup ist das Hochstellen und Tiefstellen einzelner Elemente. Diese Tags sind nicht so bekannt wie die anderen, aber sehr nützlich, wenn Sie an Webseiten arbeiten, auf denen viel mit Einheiten, Fußnoten oder Formeln gearbeitet wird. Initiiert werden diese mit den sup-Tags für das Hochstellen und den sub-Tags für das Tiefstellen.

Der Ausstoß von CO_2 erhöht sich mit jedem Jahr immens. Daher müssen wir endlich etwas unternehmen.

Dieses Apartment hat eine Fläche von 80 m^2 und ist damit sehr geräumig.

HTML

```
<!DOCTYPE html>

<html>

<head>

</head>

<body>

<p> Der Ausstoß von CO<sub>2</sub> erhöht sich mit jedem Jahr
immens. Daher müssen wir endlich etwas unternehmen. </p>

<p> Dieses Apartment hat eine Fläche von 80 m<sup>2</sup> und
ist damit sehr geräumig. </p>

</body>

</html>
```

6.3.5.5 HTML: Neue Zeile

Wenn Sie im HTML-Code eine neue Zeile haben möchten beziehungsweise mehr Abstände in den Texten, ist Ihnen eventuell bereits aufgefallen, dass einmal auf Enter klicken keine Veränderung auf der Webseite bewirkt. Dies liegt daran, dass der Browser die Lücken ignoriert und den Text regulär wiedergibt. Dies können Sie sich zunutze machen, wenn Sie Ihren Text gerne übersichtlicher machen möchten, denn Sie können so viele neue Zeilen anfangen wie Sie wollen. Wenn Sie aber tatsächlich eine neue Zeile anfangen möchten, sollten Sie den selbstschließenden br-Tag verwenden. Hier benötigen Sie jeweils nur einen Tag und die Zeile wird auch im Browser neu angefangen. Wenn Ihnen der Abstand zwischen den Paragrafen nichts ausmacht, können Sie aber auch einfach einen neuen Paragrafen anfangen. Ich persönlich benutze den br-Tag sehr gerne.

Das ist ein sehr langer Text
Ich möchte ihn gerne auflockern.
Außerdem gefällt mir die
Struktur so viel mehr.

HTML

```
<!DOCTYPE html>

<html>

<head>

</head>

<body>

<p> Das ist ein sehr langer Text <br>

Ich möchte ihn gerne auflockern. <br>

Außerdem gefällt mir die <br>

Struktur so viel mehr. </p>

</body>

</html>
```

6.3.5.6 HTML: Die horizontale Linie

Die horizontale Linie bezeichnet eine einfache Linie, mit der Sie verschiedene Abschnitte trennen können. Die Linie ist wirklich sehr einfach, aber ich benutze sie gerne, denn mit Hilfe von CSS können Sie wirklich sehr schöne Divider erstellen. Die horizontale Linie wird mit dem hr-Tag realisiert. Dieser ist ein selbstschließendes Tag. Im nachfolgenden Beispiel wurde das vorherige Beispiel genommen und zwischen den Sätzen eine horizontale Linie eingesetzt. Man sieht, dass man so eine klare Trennung realisieren kann.

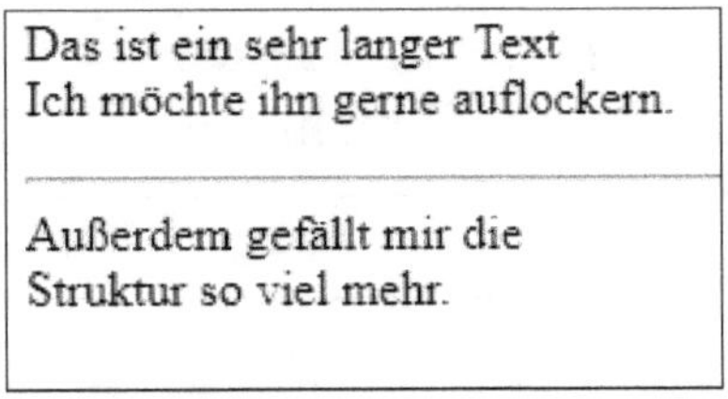

HTML

```
<!DOCTYPE html>
<html>
<head>
</head>
<body>
<p> Das ist ein sehr langer Text <br>
Ich möchte ihn gerne auflockern. <br>
<hr>
Außerdem gefällt mir die <br>
Struktur so viel mehr. </p>
</body>
</html>
```

6.3.6 Semantisches Markup

Semantisches Markup wird dazu verwendet, neben dem strukturellen Markup, einzelnen Elementen bestimmte Funktionen aufzugeben. Dies sind zusätzliche Informationen, die der Suchmaschine dabei helfen sollen, die Webseite zu verstehen. Semantisches Markup wird meistens ignoriert und nicht verwendet, trägt aber erheblich zum Erfolg einer Webseite bei.

Der Browser wird einige Elemente mit semantischem Markup anders darstellen, beispielsweise kursiv für betonte Aussagen. Dies sollte Sie nicht verwirren, denn Sie sollen semantisches Markup nur sinnvoll verwenden. Das Ziel von semantischem Markup ist nämlich, dass die Webseite besser beschrieben wird. Dies ist hilfreich, wenn die Webseite später vorgelesen wird, oder auch einfach für die Suchmaschine.

6.3.6.1 HTML: Das ist wichtig!

Wenn Sie einzelne Elemente besonders hervorheben möchten, weil diese sehr wichtig sind und ein besonderes Augenmerk benötigen, können Sie den strong-Tag benutzen. Optisch sieht er genauso aus wie der bold-Tag, er hebt den Text aber nicht nur optisch hervor. Die Suchmaschine weiß also, dass es sich hier um eine wichtige Information handelt.

Achtung: Kekse direkt aus dem Backofen sind sehr heiß und es herrscht **Verbrennungsgefahr**

HTML

```
<!DOCTYPE html>

<html>
```

```
<head>

</head>

<body>

<p> <strong> Achtung: </strong> <br> Kekse direkt aus dem Backofen sind sehr heiß und es herrscht <strong> Verbrennungsgefahr </strong> </p>

</body>

</html>
```

6.3.6.2 HTML: Betonung

Sie können auch einzelne Elemente betonen, um die Aussage des Textes besser zu verdeutlichen. Wenn der Text dann vorgelesen wird, wird auch das markierte Wort anders betont. Realisiert wird dies mit dem em-Tag, der optisch dem i-Tag ähnelt. Im nachfolgenden Beispiel liegt die Betonung auf „Oma“ und „nirgendswo“. Sie können den Text vorlesen und diese Wörter betonen, denn dann merken Sie den feinen, aber wichtigen Unterschied zum strong-Tag.

> Viele Menschen denken, dass alle Kekse gleich schmecken. Doch für mich sind die einzig wahren Kekse die Kekse von *Oma* . Und *nirgendswo* anders kannst du so knusprige Kekse essen.

HTML

```
<!DOCTYPE html>

<html>

<head>
```

```
</head>

<body>

<p> Viele Menschen denken, dass alle Kekse gleich schmecken. Doch für mich sind die einzig wahren Kekse die Kekse von <em> Oma </em>. Und <em> nirgendwo </em> anders kannst du so knusprige Kekse essen. </p>

</body>

</html>
```

6.3.6.3 HTML: Zitate

Um richtig zu zitieren, können Sie den blockquote-Tag oder den q-Tag benutzen. Beide Tags eignen sich für das Zitieren, wobei der blockquote-Tag eher für längere Zitate geeignet ist. Beim blockquote-Tag werden die Zitate nämlich eingerückt, während beim q-Tag keine optischen Veränderungen sichtbar sind. Zitate sollten Sie immer markieren, denn Suchmaschinen strafen Sie, wenn Sie duplizierten Inhalt auf Ihrer Webseite haben. Beide Tags arbeiten mit dem Attribut „cite". Der Parameter für dieses Attribut ist der Link der Seite, von der Sie zitiert haben.

Nicht alle Browser rücken das Zitat ein und auch nicht alle Browser werden den Text im q-Tag mit automatischen Anführungszeichen darstellen.

Bist du mutig? Immanuel Kant sagte einst:

> Habe Mut, dich deines eigenen Verstandes zu bedienen.

Fernandel meinte aber auch, dass " Wer zugibt, dass er feige ist, hat Mut. "

Also, bist du mutig?

HTML

```
<!DOCTYPE html>

<html>

<head>

</head>

<body>

<p> Bist du mutig? Immanuel Kant sagte einst: </p>

<blockquote cite=“http://zitate.net/mut-zitate“>

<p> Habe Mut, dich deines eigenen Verstandes zu bedienen. </p>

</blockquote>

<p> Fernandel meinte aber auch, dass <q cite=“http://zitate.net/mut-zitate“> Wer zugibt, dass er feige ist, hat Mut. </q>
</p>

<p> Also, bist du mutig? </p>

</body>

</html>
```

6.3.6.4 HTML: Abkürzungen

Wenn Sie Abkürzungen verwenden, können Sie den abbr-Tag verwenden. Der Tag hat das Attribut title, in dem die Bedeutung der Abkürzung definiert wird. Im nachfolgenden Beispiel wird HTML als Abkürzung dargestellt. Auf der Webseite kann man dann mit der Maus über das Wort gehen und ein Text mit der Definition erscheint.

HTML ist unscheinbar, aber so mächtig.
"HyperTextMarkupLanguage"

HTML

```
<!DOCTYPE html>

<html>

<head>

</head>

<body>

<p> <abbr title="HyperTextMarkupLanguage"> HTML </abbr> ist
unscheinbar, aber so mächtig. </p>

</body>

</html>
```

6.3.6.5 HTML: Quellenangaben

Auch Quellenangaben können Sie mit Hilfe von HTML markieren. Hierzu können Sie einfach den cite-Tag verwenden. Sie können den cite-Tag immer dann verwenden, wenn Sie sich auf ein literarisches Werk oder eine Verfilmung berufen. Auf der Webseite wird die Quellenangabe optisch kursiv dargestellt.

Harry Potter und der Stein der Weisen ist das erste Buch von J.K.Rowling und ist sehr erfolgreich gewesen.

```
HTML
<!DOCTYPE html>
<html>
<head>
</head>
<body>
<p> <cite> Harry Potter und der Stein des Weisen </cite> ist das erste Buch von J.K.Rowling und ist sehr erfolgreich gewesen. </p>
</body>
</html>
```

6.3.6.6 HTML: Definition

Wenn Sie eine eher wissenschaftlich basierte Webseite haben, können Sie bestimmte Elemente als Definition markieren. Dies hilft vor allem Suchmaschinen, wenn jemand gezielt nach Definitionen sucht. Das zu definierende Wort wird in dfn-Tags gesetzt. Optisch wird dies auf der Webseite kursiv dargestellt.

Ein *Keks* ist ein süßes Gebäck in runder Form wahlweise mit oder ohne Füllung.

```
HTML
<!DOCTYPE html>
<html>
<head>
```

```
</head>

<body>

<p> Ein <dfn> Keks </dfn> ist ein süßes Gebäck in runder Form wahlweise mit oder ohne Füllung. </p>

</body>

</html>
```

6.3.6.7 HTML: Weg damit!

Um Text durchzustreichen, gibt es zwei Optionen. Sie können entweder den del-Tag oder den s-Tag benutzen. Es gibt einen kleinen, aber feinen Unterschied zwischen den beiden Tags.

Der del-Tag beschreibt, dass das durchgestrichene Element gelöscht werden sollte. Normalerweise wird dieser Tag mit dem ins-Tag kombiniert, der das durchgestrichene Element mit einem neuen Element ersetzen soll.

Der s-Tag beschreibt, dass das durchgestrichene Element nicht mehr gültig ist, aber nicht gelöscht werden soll. Dieser eignet sich gut für beispielsweise Preisreduzierungen.

> Die besten Kekse macht ~~Lisa~~ Oma
>
> Du kannst das Rezept kaufen. ~~Der Preis war 20 Euro~~. Jetzt kostet das Rezept nur noch 10 Euro!

HTML

```
<!DOCTYPE html>

<html>
```

```
<head>

</head>

<body>

<p> Die besten Kekse macht <del> Lisas </del> <ins> Oma </ins>
</p>

<p> Du kannst das Rezept kaufen. <s> Der Preis war 20 Euro </s>.
Jetzt kostet das Rezept nur noch 10 Euro! </p>

</body>

</html>
```

6.3.7 Listen und Aufzählungen

Wir verlassen jetzt langsam die Basics von HTML und fangen mit den Listen und Aufzählungen an. In HTML gibt es drei verschiedene Listenarten, nämlich die geordnete Liste, die ungeordnete Liste und die Definitions-Liste. Es gibt keine schlechten oder guten Listenarten, sondern jede Listenart hat einen besonderen Zweck.

Geordnete Listen sind dabei Listen, bei denen jeder Punkt mit einer Nummer anfängt. Ungeordnete Listen sind Listen, die mit einem Punkt anfangen (oder mit einem beliebigen anderen Symbol, wie beispielsweise einem Häkchen). Definitionslisten sind ähnlich wie Tabellen und beinhalten alle Wörter mit ihren Definitionen.

6.3.7.1 HTML: geordnete Listen

Lassen Sie uns mit den geordneten Listen anfangen. Für die geordnete Liste benötigen Sie den ol-Tag (ordered list). Die gesamte Liste befindet sich zwischen diesen Tags. Für jeden Listenpunkt benutzen Sie den li-Tag (list item). Sie müssen darauf achten, dass Sie die Elemente in der richtigen Reihenfolge anordnen, denn der Browser wird auf der Webseite die Liste nummeriert darstellen. Statt Nummern können Sie auch andere Nummerierungen verwenden; dies geschieht mit CSS und Sie können dadurch zum Nummerieren römische Zahlen oder auch Buchstaben verwenden.

1. Google Chrome öffnen
2. Atom Editor suchen
3. Atom herunterladen
4. Atom installieren
5. Packages installieren
6. Neue Datei öffnen
7. Datei als HTML-Datei speichern
8. anfangen mit dem Code

```
<!DOCTYPE html>

<html>

<head>

</head>

<body>

<ol>

<li> Google Chrome öffnen </li>

<li> Atom Editor suchen </li>

<li> Atom herunterladen </li>

<li> Atom installieren </li>
```

```
<li> Packages installieren </li>

<li> Neue Datei öffnen </li>

<li> Datei als HTML-Datei speichern </li>

<li> anfangen mit dem Code </li>

</ol>

</body>

</html>
```

6.3.7.2 HTML: ungeordnete Listen

Eine ungeordnete Liste machen Sie mit dem ul-Tag. Das Vorgehen ist wie bei der geordneten Liste. Auch hier können Sie mit Hilfe von CSS statt den Punkten andere Symbole einsetzen.

Packages für Atom

- Atom-beautify
- Atom-ternjs
- Autoclose-html
- Emmet
- Csslint
- Linter
- Pigments
- Language-ejs

HTML

```
<!DOCTYPE html>

<html>
```

```
<head>
</head>
<body>
<h1> Packages für Atom </h1>
<ul>
<li> Atom-beautify </li>
<li> Atom-ternjs </li>
<li> Autoclose-html </li>
<li> Emmet </li>
<li> Csslint </li>
<li> Linter </li>
<li> Pigments</li>
<li> Language-ejs</li>
</ul>
</body>
</html>
```

6.3.7.3 HTML: Definitionslisten

Um eine Definitionsliste zu erstellen, benötigen Sie den dl-Tag. Die gesamte Liste muss sich zwischen den dl-Tags befinden. Außerdem benötigen Sie dt-Tags für die zu definierenden Wörter und dd-Tags für die Definitionen.

Backwaren

Cookies
    Amerikanische Kekse, die meist weicher und zäher sind als die uns bekannten Kekse
Obstkuchen
    Ein süßer Kuchen, der fruchtig ist und leicht schmeckt.

HTML

```
<!DOCTYPE html>

<html>

<head>

</head>

<body>

<h1> Backwaren </h1>

<dl>

<dt> Cookies </dt>

<dd> Amerikanische Kekse, die meist weicher und zäher sind, als
die uns bekannten Kekse </dd>

<dt> Obstkuchen </dt>

<dd> Ein süßer Kuchen, der fruchtig ist und leicht schmeckt. </dd>

</dl>

</body>

</html>
```

6.3.7.4 HTML: verschachtelte Listen

Das Geniale ist, dass Sie Listen auch ineinander verschachteln können. Das bedeutet im Endeffekt, dass Sie bei den ungeordneten und geordneten Listen statt einem weiteren li-Tag einfach die nächste Liste (mit ul oder ol) einfügen. Im Browser erscheinen die Listen dann eingerückt. Die eingerückten Punkte haben auch andere Symbole, wie Sie im Beispiel hier sehen können.

- Kuchen
    - Marmorkuchen
    - Gugelhupf
- Schokolade
- Pudding

HTML

```
<!DOCTYPE html>

<html>

<head>

</head>

<body>

<ul>

<li> Kuchen

<ul>

<li> Marmorkuchen </li>
```

```
<li> Gugelhupf </li>

</ul> </li>

<li> Schokolade </li>

<li> Pudding </li>

</ul>

</body>

</html>
```

6.3.8 Verlinkungen

Was wäre eine Webseite ohne Verlinkungen? Mit Links ist es möglich, andere Webseiten oder Inhalte bequem aufzurufen. Es gibt dabei verschiedene Arten von Verlinkungen, nämlich die Verlinkung von einer Webseite zu einer anderen Webseite, die Links innerhalb einer Webseite (teilweise schon durch die Navigation der Webseite vorgegeben), die Links innerhalb der gleichen Seite, sich in einem neuen Fenster öffnende Links und Links, die Ihr E-Mail-Programm starten, um eine neue E-Mail an den bestimmten Adressanten zu schreiben.

Manchmal stehen Links einfach als Text auf einer Webseite, manchmal auch in Form von Buttons, Bildern und Icons. Sie können auch Links als Listen angeben und so eine kleine Navigation bauen. Hier gibt es Konventionen im Design, damit der Besucher merkt, dass es sich um Links handelt, auf die er klicken kann.

Jeder Link besteht aus dem a-Tag. Der tatsächliche Link befindet sich allerdings in dem Attribut des a-Tags. Der a-Tag umschließt lediglich den Text, auf den der User klicken wird, um zum Link zu gelangen. Das Attribut des a-Tags ist href und der Parameter der Link. Wenn ich also Google verlinken möchte, werde ich folgenden Code verwenden:

```
<a href=https://www.google.com> Google </a>
```

Es ist wichtig, dass entweder im a-Tag ersichtlich wird, auf welche Seite man geleitet wird, wenn man auf den Text klickt, oder dass im Text davor darauf hingewiesen wird, was der User erwarten kann. Ein guter Text für den Link will gelernt sein. Sie möchten den User neugierig machen, aber Sie dürfen ihn auch nicht unangenehm überraschen oder einschüchtern. Sie möchten, dass der Text gut für Suchmaschinen geeignet ist, aber Sie wollen auf keinen Fall, dass der User nichts mit dem Link anfangen kann. Abgesehen von diesen Kleinigkeiten ist der a-Tag sehr klar und eindeutig.

Für die Verlinkung gibt es zwei verschiedene URL-Typen. URL steht für „Uniform Resource Locator" und jede Webseite hat zwingend ihre eigene, individuelle URL. Eine absolute URL startet immer mit dem Namen der Domain und endet mit der spezifischen Seite. Wird die spezifische Seite nicht angegeben, zielt die URL auf die Startseite der Domain ab.

Ein Beispiel für eine absolute URL wäre beispielsweise https://www.wikimedia.de/de/ueber-uns. Hier ist Wikimedia die Domain. Wenn es absolute URLs gibt, gibt es natürlich auch relative URLs. Diese Arten von URLs zielen auf andere Seiten innerhalb der gleichen Domain. In dem Fall bedeutet das, wenn ich innerhalb von wikimedia.de Code verändere und die Seiten miteinander verlinken möchte, kann ich statt https://www.wikimedia.de/de/ueber-uns einfach /de/ueber-uns verwenden.

Relative Links werden meist verwendet, wenn die Webseite im Code-Editor erstellt wird und noch gar keine Domain existiert, um die absoluten URLs zu verwenden. Hier ist es aber wichtig, dass die richtigen Namen für die Links verwendet werden. Dies ist insbesondere der Fall, wenn Sie mit mehreren Ordnern arbeiten, wie es später dann im Content-Management-System der Fall wäre. Vor allem bei größeren

Webseiten mit vielen Seiten und medialen Inhalten sollte man für jede Seite einen eigenen Ordner erstellen.

Konventionell gibt es einen root folder. Damit ist der gesamte Ordner gemeint, in dem sich alle Dateien für die Webseite befinden. Im root folder befindet sich auch der index.html, also die Startseite der Webseite (bitte beachten Sie, dass es Konvention ist, dass das Dokument von der Startseite index.html benannt wird, Browser automatisch die index.html-Datei aufrufen und es problematisch ist, wenn Ihre Startseite nicht index.html heißt). Von dort aus geht man weiter in die Unterordner. Für jede Seite gibt es einen neuen Unterordner, in dem sich die entsprechenden HTML-Dokumente (darunter wieder ein index.html für die Hauptseite des Unterordners) und die medialen Inhalte, wie Bilder und Videos, befinden.

Eben hatten wir folgende URL als Beispiel: https://www.wikimedia.de/de/ueber-uns. Wie wir hier sehen können, gibt es hier einen root folder namens Wikimedia, mehrere Unterordner, wobei einer davon „de" heißt. In dem Unterordner für de befindet sich die Datei ueber-uns. So kann eine mehrsprachige Webseite verschiedene Inhalte kontrollieren. Wie im Beispiel ersichtlich, müssen wir auch die Unterordner nennen, wenn wir ein Dokument aus einem Unterordner aufrufen möchten.

Wir halten also fest: Wenn wir von der Startseite von wikimedia.de mit Hilfe einer relativen URL auf die Seite ueber-uns verlinken möchten, müssen wir folgende URL benutzen: „de/ueber-uns". Was ist aber, wenn wir uns auf der Seite ueber-uns befinden und auf die Startseite von wikimedia.de (also auf die erste Seite der Domain im Hauptordner) verlinken möchten? Auch hier gibt es einen einfachen Trick, nämlich mit folgender URL: „../index.html". Sie benötigen diese zwei Punkte, um einen Ordner nach oben zu gelangen. Wenn sich die Datei in einem Ordner befindet, der sich zwei Ebenen vor dem momentanen Ordner befindet, müssen Sie eben ../../index.html schreiben.

Ein weiteres Beispiel für den Einsatz von Links sind E-Mail-Links. Sie kennen sicher die Webseiten, auf denen die E-Mail-Adressen der Ansprechpersonen vermerkt sind und man mit einem Klick auf die E-Mail-Adresse gleich das E-Mail-Programm öffnen kann, um eine E-Mail an die entsprechende Person zu verschicken. Hier ist kein Hexenwerk im Spiel, denn dies ist sehr einfach zu realisieren. Sie müssen hierfür lediglich den Parameter im Attribut des a-Tags verändern: mailto: beispiel@email.de muss im Attribut stehen. Der komplette Code sieht dann folgendermaßen aus:

```
<a href=mailto:beispiel@email.com> Schreibe eine E-Mail an mich! </a>
```

Nun geht es weiter mit weiteren interessanten Attributen für den a-Tag. Sie merken, dass der a-Tag zwar klein und unscheinbar scheint, aber trotzdem sehr viele Funktionen hat! Es gibt verschiedene Möglichkeiten, einen Link zu öffnen. Sie können einen Link im gleichen Fenster öffnen oder in einem neuen Fenster! Mit Hilfe des Parameters _blank im target-Attribut können Sie den Link in einem komplett neuen Fenster öffnen. Dies können Sie nutzen, wenn Sie möchten, dass der User danach wieder zu Ihrer Webseite zurückkommt und weiterliest. Im unteren Beispiel sehen Sie, wie zwei Attribute für ein einziges Tag verwendet werden.

```
<a href=https://www.google.de target="_blank"> Google </a>
```

6.3.8.1 HTML: Verankerungen

Besonders bei längeren Seiten ist eine vertikale Navigation angebracht. So können Sie innerhalb einer Seite verlinken und der User muss nicht ewig scrollen, sondern kann direkt zu den relevanten Punkten springen. Realisiert wird das mit id-Attributen, die man bei fast jedem HTML-Tag verwenden kann.

Wichtige Regeln für die Verwendung von IDs:
- Die Namen für IDs fangen immer mit einem Buchstaben an, nie mit einem Sonderzeichen oder einer Zahl
- Auf jeder Seite darf eine ID nur einmal vorkommen
- Um auf eine ID zu verlinken, wird im href-Attribut die Raute benutzt: #name_der_ID

Wenn Sie sich fragen, warum das wichtig sein soll, brauchen Sie bloß an den „Scroll-To-Top"-Button denken, bei dem Sie mit einem Klick nach oben scrollen können. Dies wird meistens realisiert, indem auf den obersten Teil der Webseite verlinkt wird – eine interne Verlinkung.

HTML	Output
<!DOCTYPE html> <html> <head> </head> <body> **<h1 id="top"> Das ist der Anfang der Webseite</h1>** **<h2>Was ist das für eine Webseite</h2>** **<p>** **Hier findest du coole Sachen über coole**	**Das ist der Anfang der Webseite** **Was ist das für eine Webseite** Hier findest du coole Sachen über coole Sachen. Vergiss nicht, dich für den Newsletter anzumelden **Verschiedene Süßigkeiten** • Keks • Schokolade • Gummibärchen • Marshmallows • Jelly Beans • Mozartkugeln • Pralinen • Eis

**Sachen. </p> <hr> <p>Vergiss nicht, dich für den Newsletter anzumelden</p> <hr> <h2>Verschiedene Süßigkeiten</h2> <ul> <li>Keks</li> <li>Schokolade</li> <li>Gummibärchen</li> <li>Marshmallows</li> <li>Jelly Beans</li> <li>Mozartkugeln</li> <li>Pralinen</li> <li>Eis</li> </ul> <hr> **	**Ich will wieder nach oben** Kein Problem! Klick hier

<h2>Ich will wieder nach oben</h2> **<p>Kein Problem! <a href="#top"> Klick hier </a></p>**</body> </html>	

Tippen Sie diesen Code doch in Ihren Editor ein und beobachten, was passiert, wenn Sie auf „Klick hier" klicken. Die IDs funktionieren übrigens auch, wenn Sie von einer anderen Seite auf den bestimmten Abschnitt verlinken möchten. Benutzen Sie einfach die URL von der Seite und fügen Sie ein /#name_der_id ein – Name_der_id natürlich mit dem Namen der vergebenen ID ersetzen.

6.3.9 Bilder

Bilder sind ein spannendes Thema im Webdesign. Als Webdesigner stelle ich mir immer die Frage, wie ich es schaffe, qualitativ hochwertige Fotos von meinen Klienten zu bekommen, welche Fotos gut aussehen auf Webseiten, wie diese Fotos auf einem mobilen Gerät aussehen und wie ich trotz qualitativ hochwertiger Fotos eine schnelle Ladezeit schaffe.

Es gibt verschiedene Arten von Bildern, die man auf einer Webseite einbinden kann. Dies können Logos, Banner, Fotos, Illustrationen oder Diagramme sein. Für alle Arten ist es wichtig, dass eine hohe Qualität angestrebt wird. Aber eine hohe Auflösung resultiert in immensen Dateigrößen. Und je größer die Dateien sind, die geladen werden müssen, umso mehr leidet die Geschwindigkeit der Website. Ist es also ein hoffnungsloser Fall? Keineswegs! In diesem Kapitel werden wir alles über die Benutzung von Bildern auf einer Webseite erfahren.

Wenn ich Fotos für ein Webdesign-Projekt aussuche, versuche ich mich an dem Branding des Unternehmens zu orientieren. Bilder und Grafiken sollen ähnliche Farben aufweisen, ähnliche Emotionen aufrufen und relevant sein. Der User soll mit den Fotos etwas anfangen können und es sollte ein einheitliches Gesamtbild entstehen. Im Grunde empfehle ich jedem Kunden, professionelle Fotos machen zu lassen. Wenn es tatsächlich keine Möglichkeit gibt, professionelle Fotos in die Webseite einzubinden, kann auch mit Fotos von Bildagenturen gearbeitet werden. Hier läuft aber die Gefahr, dass die gleichen Fotos auf mehreren Webseiten erscheinen und so der individuelle Wiedererkennungseffekt ausbleibt. Eine weitere Möglichkeit ist die Auflockerung der Webseite mit Vektor-Grafiken und schönen Dividern. Auch der farbliche Hintergrund lässt sich verwenden, um mehr Farbe ins Spiel zu bringen.

Best Practice für die Benutzung von Bildern auf der Webseite ist das Verwenden eines eigenen Ordners für Bilder. Wenn Sie mit einem Content-Management-System wie WordPress.org arbeiten, wird dies automatisch erledigt. Ansonsten können Sie einen Ordner erstellen und Bilddateien in diesen Ordner legen. Bei größeren Webseiten kann man diesen Ordner gegebenenfalls noch unterteilen in verschiedene Sektionen.

Für das Einbinden von Bildern auf der Webseite wird der img-Tag benutzt. Dieser ist selbstschließend und kann somit alleinstehen. Wichtig für diesen Tag ist das Attribut src. Src bedeutet Source und weist damit auf die Quelle des Bildes hin. Es kann also sowohl auf eine Bild-URL zielen als auch auf eine Datei in dem Bilder-Ordner.

Ein wichtiges Attribut, das oft übersehen und vergessen wird, ist das alt-Attribut. Dieses Attribut ist wichtig, wenn ein Bild nicht wiedergegeben werden kann, wenn Suchmaschinen die Webseite crawlen (also durchlaufen) oder, wenn die Seite vorgelesen werden soll. Mit dem alt-Attribut beschreiben Sie das Bild so, dass der Inhalt des Bildes verstanden werden kann, wenn das Bild nicht wiedergegeben wird. Hier ist ein Beispiel:

```
<img src="https://images.unsplash.com/photo-1553349450-
0cede7c622cf?ixlib=rb-1.2.1&q=80&fm=jpg&crop=entropy&cs=ti-
nysrgb&w=1080&fit=max&ixid=eyJhcHBfaWQiOjF9" alt="angebissener
Chocolate-Chip-Cookie">
```

Und hier ist das Ergebnis:

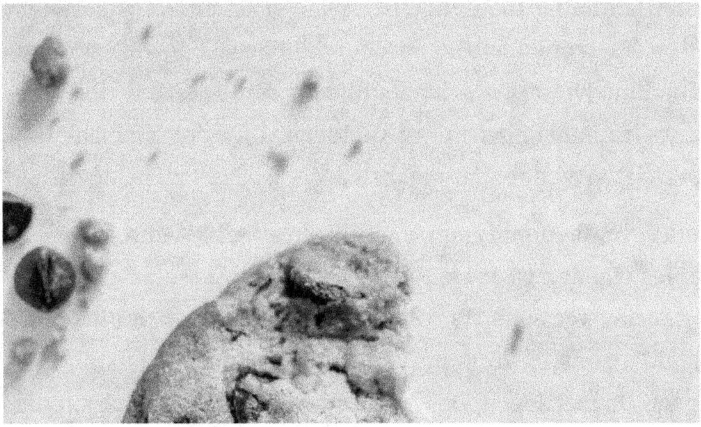

Abbildung 42: Keks zu groß

Das Bild ist viel zu groß und man müsste scrollen, um den Rest vom Bild zu sehen. Wie gut, dass man mit Hilfe von HTML auch gleichzeitig die Größe ändern kann! Durch Hinzufügen des Attributes width für Weite können wir die Größe des Bildes bestimmen. Die Weite wird in Pixeln bestimmt.

Hier ist der Code und das Ergebnis:

```
<img src="https://images.unsplash.com/photo-1553349450-
0cede7c622cf?ixlib=rb-1.2.1&q=80&fm=jpg&crop=entropy&cs=ti-
nysrgb&w=1080&fit=max&ixid=eyJhcHBfaWQiOjF9" alt="angebissener
Chocolate-Chip-Cookie" width="400">
```

Abbildung 43: Keks perfekt!

Sie können ebenso die Höhe bestimmen mit dem height-Attribut. Die Einheit ist wieder in Pixeln. Was wir hier gemacht haben, ist allerdings keine Good Practice. Die beste Variante ist es, die Fotos direkt in der richtigen Größe zur Verfügung zu haben, damit der Browser keine Zeit verschwendet, das Bild noch zurecht zu schneiden. Bei Webseiten zählt jede einzelne Sekunde. Wir haben auch verschiedene Möglichkeiten, ein Bild zu positionieren.

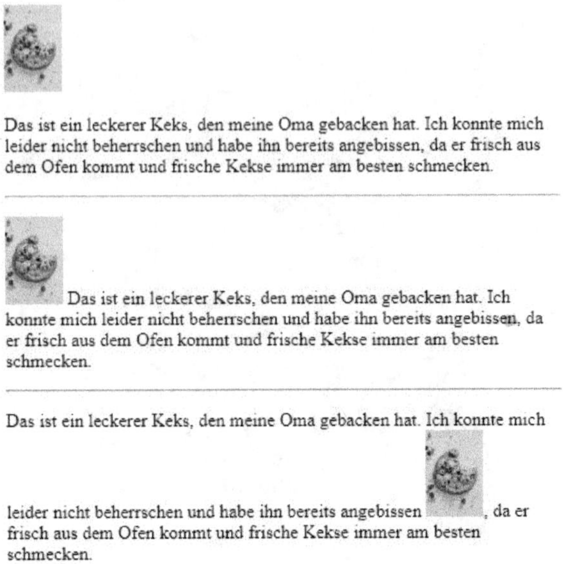

Abbildung 44: Verschiedene Positionierungen

```
<!DOCTYPE html>
<html>
<head>
</head>
<body>
<img src="https://images.unsplash.com/photo-1553349450-0cede7c622cf?ixlib=rb-1.2.1&q=80&fm=jpg&crop=entropy&cs=tinysrgb&w=1080&fit=max&ixid=eyJhcHBfaWQiOjF9" alt="angebissener Chocolate-Chip-Cookie" width="50">
<p>
```

```
Das ist ein leckerer Keks, den meine Oma gebacken hat. Ich
konnte mich

leider nicht beherrschen und habe ihn bereits angebissen, da er
frisch

aus dem Ofen kommt und frische Kekse immer am besten
schmecken.

</p>

<hr>

<p> <img src="https://images.unsplash.com/photo-
1553349450-0cede7c622cf?ixlib=rb-
1.2.1&q=80&fm=jpg&crop=entropy&cs=ti-
nysrgb&w=1080&fit=max&ixid=eyJhcHBfaWQiOjF9" alt="ange-
bissener Chocolate-Chip-Cookie" width="50">

Das ist ein leckerer Keks, den meine Oma gebacken hat. Ich
konnte mich

leider nicht beherrschen und habe ihn bereits angebissen, da er
frisch

aus dem Ofen kommt und frische Kekse immer am besten
schmecken.

</p>

<hr>

<p>

Das ist ein leckerer Keks, den meine Oma gebacken hat. Ich
konnte mich

leider nicht beherrschen und habe ihn bereits angebissen <img
src="https://images.unsplash.com/photo-1553349450-
```

```
0cede7c622cf?ixlib=rb-1.2.1&q=80&fm=jpg&crop=ent-
ropy&cs=tinysrgb&w=1080&fit=max&ixid=eyJhcHBfaWQiOjF9"
alt="angebissener Chocolate-Chip-Cookie" width="50">, da er
frisch

 aus dem Ofen kommt und frische Kekse immer am besten
schmecken.

</p>

</body>

</html>
```

Bei dem ersten Beispiel ist das Bild wie gewünscht über dem Paragrafen. Der img-Tag ist ein inline-Element, was bedeutet, dass, wenn dieser sich in einem Block-Element befindet, keine neue Zeile beginnt. Block-Elemente sind die h-Elemente und p-Elemente. Im zweiten und dritten Beispiel befindet sich der img-Tag innerhalb eines p-Elements, daher wird der Text einfach weitergeführt und lediglich Platz für das Bild gelassen. Ein weiteres Attribut, das benutzt werden kann, ist das align-Attribut. Das align-Attribut richtet das Bild links, rechts oder in der Mitte aus. Parameter sind also left, right, top, middle and bottom. Mit der linksbündigen Ausrichtung sieht das zweite Beispiel von vorne viel schöner aus.

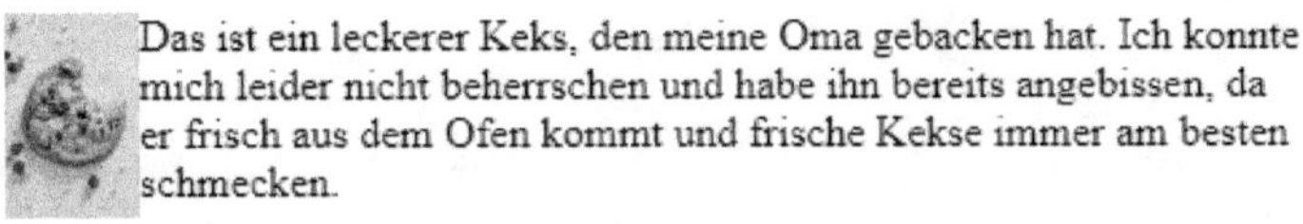

Abbildung 45: Keks eingebunden

```
<!DOCTYPE html>

<html>

<head>

</head>

<body>

<p>    <img    src="https://images.unsplash.com/photo-
1553349450-0cede7c622cf?ixlib=rb-
1.2.1&q=80&fm=jpg&crop=entropy&cs=ti-
nysrgb&w=1080&fit=max&ixid=eyJhcHBfaWQiOjF9" alt="an-
gebissener Chocolate-Chip-Cookie" width="50" align="left">

 Das ist ein leckerer Keks, den meine Oma gebacken hat. Ich
konnte mich

 leider nicht beherrschen und habe ihn bereits angebissen, da
er frisch

 aus dem Ofen kommt und frische Kekse immer am besten
schmecken.
</p>

</body>

</html>
```

Einer meiner Lieblingswerkzeuge für das Verkleinern von Fotos ist squoosh.app. Dieses Tool ist von Google entwickelt, schnell anzuwenden und funktioniert ohne Registrierung und Anmeldung. Mit nur wenigen Klicks können Sie das Foto anpassen und herunterladen. Sie sehen sogar, wie viel Größe Sie einsparen!

In den Einstellungen werden Sie auch gefragt, in welchem Format Sie Ihr Bild speichern möchten. Ich benutze gern png für Logos oder für Grafiken mit wenig Farben. Wenn Sie Fotos mit tausenden Farben haben, empfehle ich jpg als Format.

Zusätzlich zum img-Tag können Sie den figure-Tag benutzen, um Ihrem Bild eine Bildunterschrift hinzuzufügen. Dies funktioniert folgendermaßen:

```
<figure>
<img src="https://images.unsplash.com/photo-1553349450-0cede7c622cf?ixlib=rb-1.2.1&q=80&fm=jpg&crop=entropy&cs=tinysrgb&w=1080&fit=max&ixid=eyJhcHBfaWQiOjF9" alt="angebissener Choco-late-Chip-Cookie" width="50">
<figcaption>Sieht das nicht lecker aus? </figcaption>
</figure>
```

Und schon haben Sie eine Bildunterschrift, eine sogenannte Caption! Das gesamte Bild samt Bildunterschrift befindet sich in dem figure-Tag. Die Bildunterschrift wird mit dem figcaption-Tag realisiert. Im Grunde wird dies als ein kleiner Text unter dem Bild dargestellt – Sie könnten also theoretisch auch einfach ein p-Element hernehmen. Das p-Element ist dann aber nicht zwingend mit dem Bild verbunden, während bei dem figure-Tag eine direkte Beziehung zwischen dem Bild und der Bildunterschrift herrscht.

6.3.10 Tabellen

Tabellen eignen sich hervorragend, um komplexere Sachverhältnisse verständlich und visuell attraktiv darzustellen. Für Webseiten gibt es verschiedene Inhalte, die gut geeignet sind, um in Tabellenform dargestellt zu werden. Preisübersichten, vor allem bei komplexeren

Preismodellen, werden gerne mit Tabellen visualisiert. Wenn Sie auf die Webseite des Anbieters von Ihrem Hostingserver gehen, sehen Sie, dass die Preise mit all ihren Features und Konditionen übersichtlich in einer Tabelle dargestellt werden.

Auch Veranstaltungslisten sowie das Fernsehprogramm oder die Resultate von Fußballspielen können in einer Tabelle dargestellt werden. Der Grund, warum so gerne mit Tabellen gearbeitet wird, ist, dass man sehr viele Gestaltungsmöglichkeiten hat und man Informationen leicht verständlich aufbereiten kann. Der Grundgedanke ist, dass eine Tabelle aus Zellen besteht. In jeder Zelle befindet sich eine Information.

Die einfachste Struktur einer Tabelle besteht aus den table-Tags, den tr-Tags und den td-Tags. Alles, was sich innerhalb der table-Tags befindet, gehört zur Tabelle. Jede Tabelle besteht aus Reihen und in jeder Reihe befinden sich die Informationen in den Zellen. Um eine Tabelle mit HTML zu kreieren, müssen Sie daher erst die Tabelle mit den table-Tags definieren. Anschließend setzen Sie die gewünschte Anzahl an tr-Tags. In jedem tr-Tag definieren Sie zuletzt die td-Tags mit den Informationen.

```
<!DOCTYPE html>
<html lang="en" dir="ltr">
  <head>
    <meta charset="utf-8">
    <title></title>
  </head>
  <body>
    <table>
      <tr>
```

Cookies	Kekse
Cake	Kuchen
Chocolate	Schokolade

```
      <td> Cookies </td>
      <td> Kekse </td>
    </tr>
    <tr>
      <td> Cake </td>
      <td> Kuchen </td>
    </tr>
    <tr>
      <td> Chocolate </td>
      <td> Schokolade </td>
    </tr>
  </table>
 </body>
</html>
```

In diesem Beispiel haben wir drei Reihen gebildet mit jeweils zwei Informationsblöcken. Mit dieser einfachen Tabelle ist es noch nicht möglich, komplexe Sachverhältnisse verständlich darzustellen. Die Struktur der Tabelle kann aber bereits geahnt werden, auch, wenn die Tabelle noch keine Rahmenlinien hat. Außerdem fehlen in der Tabelle die Überschriften der Spalten, damit ersichtlich wird, dass die linke Spalte die Wörter auf Englisch zeigt und auf der rechten Spalte die Wörter auf Deutsch dargestellt werden.

Im nächsten Schritt betrachten wir die th-Tags. Wir können mit th-Tags den Spalten Überschriften geben. Wie bei den td-Tags handelt es sich hier um Informationen, die wiedergegeben werden. Ein wichtiger

Punkt, der beachtet werden muss, ist, dass die Anzahl der Zellen pro Zeile konstant bleiben muss. Jede Zeile muss also die gleiche Anzahl an Zellen haben. Was passiert also, wenn eine Information nicht benötigt wird und nicht für jede Spalte eine Überschrift benutzt wird? In diesem Fall ist es notwendig, dass der td-Tag oder der th-Tag trotzdem angewendet wird, auch, wenn die Information leer gelassen wird. Dies ist notwendig, damit die Tabelle auch als Tabelle wiedergegeben wird.

Die th-Tags sind notwendig, damit der Leser den Überblick nicht verliert und sich mit der Tabellenstruktur gut auskennt. Für Suchmaschinen oder Geräte, die den Text anschließend vorlesen, sind diese Informationen letztendlich ausschlaggebend für die richtige Wiedergabe und Einordnung.

Im th-Tag wird das Scope-Attribut benutzt. Das Scope-Attribut definiert die Art der Überschrift. Das bedeutet, dass Sie mit Hilfe dieses Attributes definieren, ob die Überschrift für eine Zeile gilt oder für eine Spalte. Parameter dieses Attributes sind also „col“ für column, also Spalte, und „row“ für Reihe.

```
<!DOCTYPE html>
<html lang="en" dir="ltr">
  <head>
    <meta charset="utf-8">
    <title></title>
  </head>
  <body>
    <table>
<tr>
```

Englisch	**Deutsch**
Cookies	Kekse
Cake	Kuchen
Chocolate	Schokolade

```
  <th> Englisch </th>
  <th> Deutsch </th>
 </tr>
    <tr>
      <td> Cookies </td>
      <td> Kekse </td>
    </tr>
    <tr>
      <td> Cake </td>
      <td> Kuchen </td>
    </tr>
    <tr>
      <td> Chocolate </td>
      <td> Schokolade </td>
    </tr>
   </table>
  </body>
 </html>
```

Sehen Sie, wie die Überschriften automatisch fett geschrieben werden? Außerdem sieht es so aus, als seien sie etwas eingerückt. Tatsächlich werden die Überschriften meistens in der Mitte der Zelle zentriert. Sie können übrigens die Tabelle ganz einfach mit CSS stylen, daher brauchen Sie sich keine Gedanken über das automatische Styling, das hier vorgenommen wurde, machen.

Jetzt gibt es noch Tabellen, in denen Zellen eventuell verbunden werden. Das bedeutet, dass die gleiche Zelle über verschiedene Reihen oder verschiedene Spalten greift. Dieses Problem wird einfacher gelöst, als Sie es sich vielleicht vorgestellt haben. Wir unterscheiden hier zwischen zwei Fällen. Im ersten Fall greift die gleiche Zelle über mehrere Spalten. Das Einzige, was Sie machen müssen, ist, zu der Zelle mit den übergreifenden Informationen das Attribut colspan hinzuzufügen. Der Parameter dieses Attributes ist die Anzahl der Zellen, die verbunden werden. Wenn die Zelle also doppelt so groß sein soll, benutzen wir den Parameter 2. Im nachfolgenden Beispiel fügen wir eine weitere Zelle an, die über zwei Spalten greifen soll.

```
<!DOCTYPE html>
<html lang="en" dir="ltr">
  <head>
    <meta charset="utf-8">
    <title></title>
  </head>
  <body>
    <table>
<tr>
  <th> Englisch </th>
  <th> Deutsch </th>
</tr>
    <tr>
      <td> Cookies </td>
```

Englisch	**Deutsch**
Cookies	Kekse
Cake	Kuchen
Chocolate	Schokolade
Pfefferminzkeks	

```
      <td> Kekse </td>
    </tr>
    <tr>
      <td> Cake </td>
      <td> Kuchen </td>
    </tr>
    <tr>
      <td> Chocolate </td>
      <td> Schokolade </td>
    </tr>
    <tr>
      <td colspan="2"> Pfefferminzkeks </td>
    </tr>
  </table>
 </body>
</html>
```

Eine weitere Möglichkeit der Zellenverbindung besteht darin, mehrere Reihen miteinander zu verknüpfen. Hier wird das gleiche Prinzip wie bei der anderen Option angewendet; allerdings benutzen wir hier das Attribut rowspan mit der Anzahl der verbundenen Reihen als Parameter.

```
<!DOCTYPE html>
<html lang="en" dir="ltr">
 <head>
  <meta charset="utf-8">
  <title></title>
 </head>
 <body>
  <table>
<tr>
 <th> Englisch </th>
 <th> Deutsch </th>
</tr>
   <tr>
    <td rowspan="2"> Cookies </td>
    <td> Kekse </td>
   </tr>
   <tr>
    <td> Kuchen </td>
   </tr>
   <tr>
    <td> Chocolate </td>
    <td> Schokolade </td>
```

Englisch	**Deutsch**
Cookies	Kekse
	Kuchen
Chocolate	Schokolade
Pfefferminzkeks	

</tr> <tr> <td colspan="2"> Pfef-ferminzkeks </td> </tr> </table> </body> </html>	

Wie Sie hier deutlich sehen können, wird die Information „Cookies" in der Mitte von zwei Reihen platziert. In der Reihe, die darauf folgt, wird dann nur die Information nach der Zelle definiert. Die übernommene Zelle wurde gar nicht definiert. Mit den th-Tags haben wir bereits eine schöne Struktur erhalten.

Eine Tabelle können Sie aber auch mit einer hierarchischen Struktur versehen, wie bei unserem HTML-Dokument mit den head-Tags und den body-Tags. Bei der Tabelle heißen diese Tags thead, tbody and tfoot und definieren somit die Kopfzeilen der Tabelle, den Inhalt der Tabelle und die Fußzeilen der Tabelle.

Es ist nicht zwingend notwendig, dass Sie diese Tags verwenden, aber es ist empfehlenswert, denn so können Sie später mit CSS diese drei Bereiche unterschiedlich gestalten. Außerdem ist eine hierarchische Struktur immer wichtig für Suchmaschinen sowie für Geräte, die den Inhalt einer Webseite vorlesen würden.

Ein weiteres Argument für das Einsetzen von thead, tbody und tfoot ist, dass der Browser bei Tabellen mit längerem Inhalt die Zellen in thead and tfoot fixiert, sodass es für den Leser angenehmer ist, den Inhalt zu lesen und zu verstehen. Im nachfolgenden Beispiel wurde die Tabelle in Kopf, Inhalt und Fuß unterteilt. Es sind keine visuellen Änderungen ersichtlich.

```
<!DOCTYPE html>
<html lang="en" dir="ltr">
 <head>
   <meta charset="utf-8">
   <title></title>
 </head>
 <body>
<table>
 <thead>
   <tr>
     <th> Englisch </th>
     <th> Deutsch </th>
   </tr>
 </thead>
 <tbody>
   <tr>
     <td> Cookies </td>
     <td> Kekse</td>
   </tr>
   <tr>
```

Englisch	Deutsch
Cookies	Kekse
Cake	Kuchen
Chocolate	Schokolade
In der Weihnachtsbäckerei	

<td> Cake </td> <td> Kuchen </td> </tr> <tr> <td> Chocolate </td> <td> Schokolade </td> </tr> </tbody> <tfoot> <tr> <td colspan="2"> In der Weihnachtsbäckerei </td> </tr> </tfoot> </table> </body> </html>	

6.3.11 Formulare

Formulare sind eines der wichtigsten Bestandteile einer Webseite. Fast überall begegnen uns Formulare, seien es Formulare, um sich für einen Newsletter anzumelden, sich in Facebook einzuloggen, eine Bestellung abzuschließen oder eine Kontaktanfrage zu verschicken. Möglichkeiten für Formulare sind unendlich, denn diese helfen schließlich beim

Sammeln von Informationen. Während es mittlerweile für WordPress zahlreiche Plugins gibt, die Ihnen dabei helfen, Formulare zu erstellen, gibt es immer die Möglichkeit, seine eigenen Formulare zu erstellen. Das Tolle dabei ist, dass Sie mit Hilfe von CSS Ihr Formular ganz nach Ihrem Belieben gestalten können und nicht von Plugins abhängig sein müssen.

Das größte Formular, das Sie kennen und das Sie bestimmt tagtäglich benutzen, ist das Suchformular auf der Startseite von Google. Google ist schließlich eine Suchmaschine und die wichtigste Funktion von Google ist es, Ihnen beim Finden von Informationen zu helfen. Dies funktioniert, indem Sie in das Suchfeld Ihren Suchbegriff eingeben – Sie teilen also mit dem Suchfeld einen Befehl an Google mit.

Es gibt verschiedene Arten von Formularfeldern, die Sie auf Ihrer Webseite einbinden können. Zu den wichtigsten Feldern gehören folgende:

- Textfeld (Einzeiler): Dieses Feld ist dafür geeignet, wenn man E-Mail-Adressen oder Namen eingeben soll. Der Platz reicht aus, um eine Zeile Text zu speichern.

- Textfeld (Mehrzeiler): Dieses Feld ist dafür geeignet, wenn man längere Nachrichten verschicken will oder längere Kommentare posten möchte. Meistens sind diese Felder so gestaltet, dass man sie nach Bedarf größer ziehen kann, indem man mit dem Mauszeiger die rechte untere Ecke greift, gedrückt hält und nach unten zieht.

- Passwort (Einzeiler): Dieses Feld ist natürlich für Passwörter geeignet. Vom Prinzip her ist dieses Feld dem Textfeld (Einzeiler) sehr ähnlich. Beim Eingeben der Zeichen werden die Zeichen allerdings unkenntlich gemacht, beispielsweise durch Ersetzen der Zeichen mit monochromen Punkten.

- Radio Button: Dies ist für Auswahloptionen geeignet. Der User kann mit Hilfe der Radio Buttons eine Auswahl treffen. Im Gegensatz zu

Checkboxes ist es hier nur möglich, eine Auswahl zu treffen (sogenanntes Single Select).

- Checkboxes: Wenn der User die Möglichkeit hat, verschiedene Optionen anzuklicken, sind Checkboxes die bessere Wahl. Hier handelt es sich um ein Multiple Select.

- Drop-down Boxes: Auch hier hat der User eine Auswahl. Diese Option ist dem Radio Button sehr ähnlich, denn auch hier kann nur eine Auswahl getroffen werden. Der Unterschied liegt in der Visualisierung der Informationen, denn es ist nicht auf den ersten Blick ersichtlich, welche Optionen es gibt. Stattdessen muss der User erst die Drop-down Box anklicken, damit die Optionen ausgerollt werden.

- Submit Button: Dieser Button ist ein Button, der aus einem Text (der Aufforderung) besteht. Mit diesem Button werden die Informationen des Besuchers gespeichert oder die Funktion, die mit diesem Button verknüpft wird, wird ausgeführt.

- Bild Button: Dieser Button ist ähnlich wie der Submit Button. Anstelle des Textes steht hier ein Bild, auf das man klicken kann, um die Funktion auszuführen. Die Herausforderung liegt darin, diesen Button so zu gestalten, dass der User auf den ersten Blick die Funktion erkennt.

- Dateien hochladen: Dieses Formularfeld ist eine einfache Möglichkeit, um Dateien von Usern zu erhalten. Der User kann Dateien auf seinem Computer durchsuchen und dann hochladen, ohne sein E-Mail-Programm zu öffnen.

Vielleicht fragen Sie sich nun, wie Formulare funktionieren, denn HTML und CSS sind eher statisch. Wie kann eine dynamische Funktion ausgeführt werden? Tatsächlich werden richtige Funktionen oder das Speichern in Datenbanken nur im Zusammenhang mit den Programmiersprachen PHP, C# oder Java ausgeführt. Dabei werden dann die

Namen der Formularfelder zusammen mit dem eingegebenen Wert gespeichert.

Ein Formular kann verschiedene Formularfelder haben. Für eine eindeutige Identifizierung reicht es also nicht, einfach nur die Werte zu speichern. Stattdessen werden die Name-Werte-Paare gespeichert.

Wenn sich jemand nun für eine Seite registriert, braucht er wahrscheinlich einen Usernamen. Der Wert wird dann der gewählte Nickname. Sehen wir uns das einmal genauer an:

```
Username = Keksebaecker
```

In diesem Fall ist Username der Name des Paares. Keksebaecker ist der Wert. Wir haben somit ein Name-Werte-Paar (Username-Keksebaecker).

Wie bauen wir nun so ein Formular auf? Jedes Formular muss sich zwischen den form-Tags befinden. Nun wird es etwas komplizierter, denn der form-Tag benötigt die Attribute action und method. Das action-Attribut ist wichtig, weil dieses die URL beinhaltet von der Seite auf dem Server, der mit den Informationen in dem Formular arbeitet beziehungsweise die Funktion auslösen wird.

Das method-Attribut hat zwei Parameter, nämlich get oder post. Bei dem get-Parameter werden die Werte vom Formular an die URL im action-Attribut angehängt. Das bedeutet allerdings, dass diese Methode nur brauchbar ist, wenn es sich nur um kurze Formulare handelt (beispielsweise um die Suche) und der User Dateien empfangen und nicht senden will.

Formulare mit dem post-Parameter sind sicherer, denn die Werte vom Formular werden in http-Köpfen gesendet. Im Regelfall sind diese Formulare daher besser geeignet, um Werte wie Passwörter oder sensitive Dateien zu übertragen. Auch eignet sich diese Methode, wenn es sich um ein langes Formular mit vielen Werten handelt. Der Browser arbeitet in der Regel mit dem get-Parameter, wenn nichts spezifiziert wird.

Um das Formular noch zu füllen, benötigen wir idealerweise einen p-Tag und einen input-Tag. Der p-Tag ist dafür da, um den User darüber zu informieren, was sich im Formularfeld befindet und was er eingeben soll. Das Formularfeld wird durch den input-Tag definiert. Der input-Tag kann bei verschiedenen Formularfeldern benutzt werden.

Definiert wird er durch das type-Attribut. Mit diesem Attribut können Sie die Art des Formularfeldes definieren. In unserem Fall benötigen wir ein Textfeld (Einzeiler). Ein weiteres wichtiges Attribut ist Name, damit wir ein Name-Werte-Paar erhalten. In dem nachfolgenden Beispiel wurde auch noch das maxlength-Attribut benutzt, um die Anzahl der Zeichen zu beschränken.

<!DOCTYPE html> <html lang="en" dir="ltr"> <head> <meta charset="utf-8"> <title></title> </head> <body> <form action="index.html" method="post"> <p> Username	

<input type="text" name="username" maxlength="20"> </p> </form> </body> </html>	

Um die Registrierung perfekt zu machen, benötigen wir noch das Formularfeld Passwort. Hier wird wieder der input-Tag verwendet, allerdings ist der Parameter zum type-Attribut password. Manchmal wird auch hier das Attribut maxlength benutzt, um die Länge des Passwortes zu begrenzen. Bei diesem Formularfeld wird auf dem Bildschirm jedes Zeichen durch einen Punkt ersetzt. Dies bedeutet allerdings nicht, dass es sicher ist. Stattdessen wird das Passwort regulär in der Datenbank gespeichert. Eine richtige Verschlüsselung funktioniert nur, wenn der Server SSL (Secure Sockets Layer) benutzt. SSL ist ein Sicherheitsmerkmal, das auch beim Ranking von Webseiten bei Google eine große Rolle spielt. Im Regelfall sollten Sie niemals Ihr Passwort dort eingeben, wo es keine SSL-Verschlüsselung gibt.

Das mehrzeilige Textfeld wird nicht wie bei den anderen Feldern mit dem input-Tag initiiert. Stattdessen hat dieses den textarea-tag. Auch für diesen benötigen Sie ein name-Attribut. Weitere Attribute für diesen Tag sind rows und cols. Mit rows definieren Sie, wie viele Zeilen Ihr Textfeld haben soll. Mit cols definieren Sie die Breite des Textfeldes in Anzahl der Zeichen.

```
<!DOCTYPE html>

<html lang="en" dir="ltr">

 <head>

  <meta charset="utf-8">

  <title></title>

 </head>

 <body>

<form action="index.html" method="post">

 <p> Username

  <input type="text" name="username" maxlength="20">

 </p>

 <p> Passwort

  <input type="password" name="Passwort" maxlength="20">
```

```
 </p>

 <p> Dein Lieblingsrezept </p>

 <textarea name="Lieblingsrezept" rows="8" cols="80"></textarea>

</form>

 </body>

</html>
```

Ein weiteres Formularfeld sind Radio Buttons. Diese Buttons werden mit dem input-Tag mit dem type-Attribut radio initiiert. Für jede Option benötigen Sie einen input-Tag. Zusätzlich dazu benötigen Sie einen name-Tag, der für alle Radio Buttons gleich sein muss. Die Optionen legen Sie als Wert im value-Tag fest. Außerdem können Sie den Status des Buttons festlegen, das heißt, welcher Button von Beginn an angeklickt ist. Hier darf immer nur ein Button den Status „checked“ haben.

Was isst du gerne? ◉ Keks ○ Kuchen ○ Schokolade

```
<!DOCTYPE html>

<html lang="en" dir="ltr">

 <head>

  <meta charset="utf-8">

  <title></title>

 </head>

 <body>
```

```
<form action="index.html" method="post">

<p>

Was isst du gerne?

<input type="radio" name="food" value="keks" checked="checked" />
Keks

<input type="radio" name="food" value="Kuchen" /> Kuchen

<input type="radio" name="food" value="Schokolade" /> Schokolade



</p>

</form>

  </body>

</html>
```

Ähnlich funktionieren auch Checkbox Buttons. Statt radio im type-Attribut wird checkbox im type-Attribut benutzt. Ansonsten wird auch das name-Attribut und das value-Attribut verwendet.

Nun kommen wir zur Dropdown Box. Die Dropdown Box wird verwendet, wenn der User aus einer Liste mit Optionen seine Auswahl treffen soll. Mit dem select-Tag starten Sie das Dropdown. In diesem Tag befinden sich alle Optionen, die treffend mit dem option-Tag definiert werden. Für ein Dropdown werden mindestens zwei Optionen benötigt. Im option-Tag ist es wichtig, dass der Wert definiert wird. Zwischen den option-Tags befindet sich dann das, was der User zur Auswahl zu Gesicht bekommen wird.

Dropdowns werden gerne benutzt, eignen sich aber nicht zwingend für alle Fälle. Wenn der User alle Optionen auf einem Blick sehen soll, sind Radio Buttons besser geeignet, denn beim Dropdown ist der User gezwungen, das Dropdown zu öffnen. In manchen Fällen, wie beispielsweise bei der Länderwahl, ist das Dropdown zu bevorzugen, da bei der Existenz von sehr vielen Optionen Radio Buttons einfach unübersichtlich werden.

Im unteren Beispiel sehen Sie auch, dass der User den Parameter im value-Attribut nicht sieht. Er sieht nur den deutschen Begriff, der sich zwischen den option-Tags befindet.

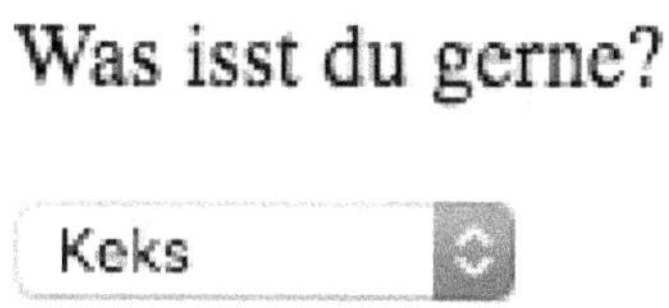

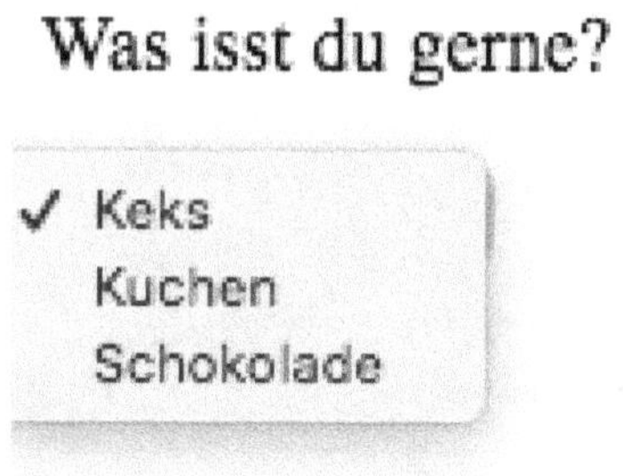


```
<!DOCTYPE html>

<html lang="en" dir="ltr">

 <head>

  <meta charset="utf-8">
```

```
  <title></title>
 </head>
 <body>
<form action="index.html" method="post">
<p>
Was isst du gerne? </p>
<select name="snack">
  <option value="cookie"> Keks </option>
  <option value="cake"> Kuchen </option>
  <option value="chocolate"> Schokolade </option>
</select>


</form>
  </body>
</html>
```

Um den User Dateien hochladen zu lassen, können Sie den input-Tag benutzen. Als Parameter für das Attribut type benötigen Sie „file". Für dieses Formularfeld benötigen Sie die post-Methode für den form-Tag. Wichtig ist noch der Submit Button, den wir im nächsten Schritt besprechen werden. Der Submit Button wird ebenfalls mit dem input-Tag initiiert. Der Parameter für das Attribut type ist in diesem Fall „submit". Das value-Attribut hat als Parameter den Text, der auf dem Button erscheint.

Wenn Sie längere Formulare haben und gerne mit Hilfe von Gruppierungen das Formular übersichtlicher gestalten wollen, können Sie das fieldset-Tag verwenden. Damit können Sie einzelne Elemente in einem Formular gruppieren. In den Browsern werden dann klare Kasten mit einer Überschrift für jede Gruppierung angezeigt. Diese Überschriften definieren Sie in den legend-Tags.

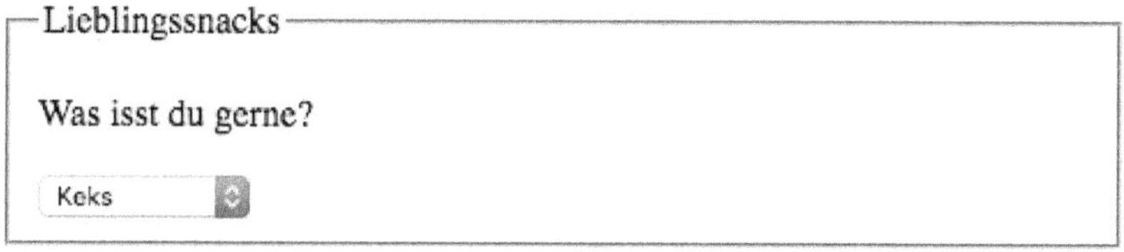


```
<!DOCTYPE html>

<html lang="en" dir="ltr">

 <head>

  <meta charset="utf-8">

  <title></title>

 </head>

 <body>

<form action="index.html" method="post">

<fieldset>

<legend> Lieblingssnacks </legend>

<p>

Was isst du gerne? </p>
```

```
<select name="snack">
  <option value="cookie"> Keks </option>
  <option value="cake"> Kuchen </option>
  <option value="chocolate"> Schokolade </option>
</select>
</fieldset>
</form>
  </body>
</html>
```

Um zu kennzeichnen, dass ein Feld benötigt wird, um das Formular abzuschicken, gibt es eine sehr einfache Option. Im HTML-Dokument können Sie einfach im input-Tag das Attribut required mit dem Parameter required verwenden. Dies definiert die Bedingung, dass das entsprechende input-Tag für das Ausfüllen des Formulars unabdingbar ist. Als Webdesigner ist diese Funktion sehr wichtig, denn so können Fehler von Beginn an verhindert werden.

Für den User ist das Ausfüllen des Formulars dann auch einfacher, denn er weiß ganz genau, ob das Formular richtig ausgefüllt wurde. Eine weitere Option, um Fehler zu vermeiden, ist es, statt einem Text-Input das E-Mail-Tag zu verwenden. Im Grunde bedeutet dies, dass der Browser versteht, ob die eingegebene E-Mail korrekt eingegeben wurde, und dass er so Syntax-Fehler vermeiden kann. Smartphones können so auch in der Lage sein, aufgrund der Definition des E-Mail-Tags auf dem Eingabefeld das „@“-Zeichen und die „.com“-Endung anzugeben, um dem User das Eingeben zu vereinfachen.

Dafür benutzen Sie einfach den input-Tag mit dem Attribut type und dem Parameter email. Das Gleiche funktioniert übrigens auch, wenn Sie den Link einer Webseite als Eingabefeld haben möchten. Sie definieren hier den input type mit „url". Smartphones werden dem User die typischen Endungen für einen Link wie „.com" anzeigen.

Beispiel: <input type="email" name="E-Mail" />

6.3.12 Bonus-Tags

Mit den bisher gelernten Tags sollten Sie bereits in der Lage sein, Ihre ersten Webseiten aufzubauen. Alle Webseiten bestehen im Grunde aus den bisher gelernten Elementen:

- Überschriften
- Paragraphen
- Buttons
- Bilder
- Links
- Formulare

Auch die Navigation auf Webseiten ist letztendlich auch nur eine Anreihung von Links, die horizontal aufgestellt wurde. Im Webdesign geht es darum, erst einmal eine Struktur mithilfe von HTML zu erschaffen. Wenn Sie dann CSS benutzen, können Sie jeder Webseite ihren individuellen Stil geben.

Im Folgenden werden noch weitere Möglichkeiten gezeigt, wie Sie sich mit Hilfe von HTML Ihr Leben leichter machen können. Übersichtlichere Codes, einfachere Webseiten, die für Suchmaschinen besser zugänglich sind, usw.

Diese Tags sind sehr einfach, aber dennoch so wichtig. Ich benutze viele dieser Tags sehr oft und fast bei jedem Projekt (auch, wenn der User einige davon gar nicht zu Gesicht bekommt!). Ich empfehle Ihnen, diese Tags in Ihren Notizen zu speichern oder auf eine Haftnotiz in der Nähe Ihres Schreibtisches zu kleben. Ich habe diese Tags jederzeit in meiner Nähe.

Wie können Sie Ihren HTML-Code übersichtlicher gestalten? Atom hilft Ihnen bereits bei der farblichen Einordnung der Tags, aber so richtig übersichtlich wird Ihr Code nur, wenn Sie ihn kommentieren können. Hierzu verwenden Sie Folgendes:

<!-- -->

Das sieht erst einmal sehr merkwürdig aus, aber alles, was sich in der Mitte befindet, wird vom Browser komplett ignoriert. Das heißt, der Text wird nicht wiedergegeben, sondern dient nur zur Übersicht.

<!—Hier soll Ihr Kommentar sein; er wird vom Browser nicht gelesen. -->

Bei jedem Projekt sollten Sie mit Kommentaren arbeiten. Auch, wenn Sie sich sehr gut mit HTML auskennen sollten, ist es ungemein hilfreich, wenn Sie bei der Behebung von Fehlern Ihre Gedanken beim Codieren nachvollziehen können. Ich benutze die Kommentarfunktion, um verschiedene Bereiche voneinander zu trennen. So kann ich genau nachvollziehen, welcher Code-Abschnitt für welche Funktion zuständig ist.

Wenn ich bestehende Webseiten bearbeite, füge ich immer einen Kommentar hinzu, bei den Code-Snippets, die von mir bearbeitet worden sind. So kann ich schnell filtern und nachsehen, welche Änderungen von mir vollzogen wurden.

Ebenso hilfreich ist die Kommentarfunktion, wenn ich temporär einen Code-Abschnitt löschen möchte. Wenn ich um diesen Abschnitt nämlich einen Kommentar lege, wird der Code vom Browser nicht gelesen und nicht wiedergegeben. So kann ich sehr schnell testen, ohne dass ich den Code-Abschnitt extern speichern und im Dokument löschen muss. Was ich gerne benutze, sind ID-Attribute. ID bedeutet ja „Identität“ und Sie können einzelnen Elementen in Ihrem HTML-Dokument Identitäten vergeben. Wofür soll das gut sein?

Wenn Sie den Elementen Identitäten geben, können Sie mit Hilfe der Identitäten bestimmte Elemente nach Ihren Wünschen stylen. Wenn Sie also in Ihrem HTML-Dokument 10 Überschriften haben, aber unbedingt eine von den Überschriften rot markieren möchten, können Sie dieser Überschrift eine Identität geben und beim Styling mit CSS definieren, dass das Element mit der gewissen Identität rot markiert werden muss.

Ich benutze Identitäten auch, um innerhalb einer Webseite zu verlinken. Bei einigen Projekten habe ich ein Formular am Ende einer sehr langen Seite, die ansonsten mit Informationen, Kundenberichten und Bildern gefüllt ist. Ganz am Anfang der Seite benutze ich einen Button, der zum Formular führt. Dem Formular gebe ich dann eine Identität und verweise im Button auf die ID. Wenn der User nun auf den Button klickt, wird der User auf den unteren Bereich der Seite verwiesen beziehungsweise der User kann so das Formular ansehen, ohne durch den ganzen Inhalt zu scrollen.

Es gibt ein paar kleine Regeln zu den Identitäten:

- IDs fangen stets mit einem Buchstaben an, wie beispielsweise id="formular“

- IDs fangen nie mit einer Zahl an oder einem Sonderzeichen, das heißt, Sie dürfen nicht id="1formular“ verwenden

- Auf jeder Seite darf eine ID nur einmal vorkommen

Was ist aber, wenn Sie von Ihren zehn Überschriften drei rot markieren möchten? Da jede ID nur einmal benutzt werden kann, müssen Sie hierfür eine Klasse benutzen. Klassen sind Cluster von IDs und Sie können so die drei Überschriften mit einer gemeinsamen Klasse versehen und rot markieren. Klassen funktionieren genauso wie IDs. Sie definieren diese mit class="Name der Klasse".

Ich designe keine Webseite ohne die Verwendung von divs. Mit jedem div können Sie Ihre Elemente gruppieren, ich nenne jede Gruppe gerne eine „Section". Beispielsweise gibt es eine Section für den Kopfbereich der Webseite oder für den Fußbereich der Webseite. Mit divs können Sie Ihre Webseite gliedern und einzelne Abschnitte stylen.

Ich wechsle gerne für jeden Abschnitt die Hintergrundfarbe beziehungsweise wechsle zwei Hintergrundfarben ab, um mehr Dynamik in mein Design zu bringen. Das Einzige, was Sie machen müssen, ist, alle Elemente, die Sie für einen Abschnitt benötigen, in einen div-Tag zu packen.

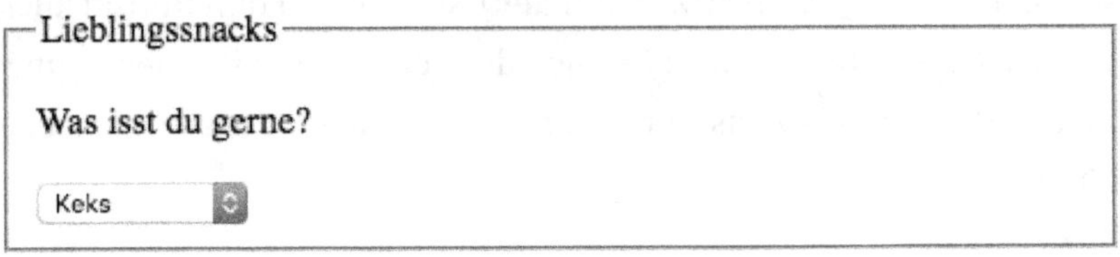


```
<!DOCTYPE html>

<html lang="en" dir="ltr">

  <head>

    <meta charset="utf-8">

    <title></title>
```

```
  </head>
  <body>
<div id="formular">
<form action="index.html" method="post">
<fieldset>
<legend> Lieblingssnacks </legend>
<p>
Was isst du gerne? </p>
<select name="snack">
  <option value="cookie"> Keks </option>
  <option value="cake"> Kuchen </option>
  <option value="chocolate"> Schokolade </option>
</select>
</fieldset>
</form>
</div>
  </body>
</html>
```

Nun kommen wir zu meinem Lieblingstag: meta. Meta-Tags sind wichtig für Suchmaschinen, denn diese geben den Suchmaschinen wichtige Informationen über die Webseite. Wichtig für die meta-Tags ist, dass sich diese im Header der Webseite befinden. Sie werden später nicht auf der Webseite erscheinen, aber sie sollten trotzdem stets verwendet werden. Meta-Tags bestehen aus den Attributen name und content. Das Meta-Tag ist selbstschließend, das bedeutet, dass Sie kein schließendes Tag benötigen. Wenn Sie beispielsweise einen Blog über Fitness und Ernährung haben, könnten Sie folgende Tags benutzen:

```
<!DOCTYPE html>
<html lang="en" dir="ltr">
 <head>
<meta charset="utf-8">
<meta name="description" content="10 leckere Rezepte für einen Grill-
abend" />
<meta name="keywords" content="Grillen, Rezepte, gesundes Grillen"
/>
<meta name="robots" content="nofollow" />
<meta name="author" content="John Smith" />
  <title></title>
 </head>
 <body>
 </body>
</html>
```

Wir haben jetzt drei meta-Tags benutzt für einen Blogpost über 10 leckere Rezepte für einen Grillabend. Das erste meta-Tag beschreibt, worum es auf der Seite geht, nämlich über 10 leckere Rezepte für einen

Grillabend. Das zweite meta-Tag beschreibt die Schlüsselwörter, mit denen der Text gefunden werden soll. Sie können diesen meta-Tag gerne benutzen, allerdings beeinflusst er die Suchmaschinenoptimierung nicht so stark, wie Sie es sich vielleicht wünschen würden.

Das dritte meta-Tag beschreibt, ob diese Seite in der Suchmaschine angezeigt werden soll. Seiten, die nicht angezeigt werden sollen, sind beispielsweise Dankesseiten, wenn ein User sich für etwas registriert, oder geheimer Content, der nur für Mitglieder gemacht worden ist. In diesen Fällen benötigen Sie den Parameter „noindex". Wir haben hier den Parameter „nofollow".

Dies bedeutet, dass diese Seite in den Suchergebnissen erscheinen soll, allerdings nur diese eine Seite und nicht die Seiten, die auf der Seite verlinkt werden. Es kann nämlich sein, dass Sie in Ihren Blogposts auf Content anderer Webseiten verlinken. Das wollen wir nicht anzeigen lassen, also benutzen wir hier „nofollow". Das vierte meta-Tag beschreibt den Autor. Das content-Attribut hat dann als Parameter den Namen des Autors.

7. Fazit

7.1 JEDER MUSS FÜR SICH SELBST ENTSCHEIDEN, WAS DAS RICHTIGE IST

Um auf der sicheren Seite zu sein, sollten Sie als Anbieter von Dienstleitungen im Bereich der prozeduralen Software-Entwicklung ein Produkt erstellen, was mit dem Kunden zusammen abgesprochen wird. Hierzu eignet sich das Vorgehensmodell Scrum, welches Sie in Kapitel 2 kennengelernt haben. Scrum ist ein iterativ, inkrementelles Vorgehensmodell der Produktentwicklung. Der Kunde wird aktiv als sog. Product Owner in den Entstehungsprozess der Software miteinbezogen. Das gibt dem Kunden ein Gefühl der Sicherheit, denn er steht nahe am Produktinkrement.

Kommen wir zurück zur prozeduralen Programmierung. Sie haben mit dem Lesen dieses Buches erlernt, welche Möglichkeiten es gibt, aus einem Anwendungsfall, dem sog. Use-Case, ein Klassenmodell zu entwickeln, woraus ein weiterer Entwickler (z. B.) eine Vorgabe erhält, nach Kochrezept in C zu programmieren. Hierbei lernten Sie, zwischen Klassen, Objekten und Attributen zu unterscheiden.

Können Sie sich noch an den sog. Default-Konstruktor erinnern? Nein? Ich helfe Ihnen schnell auf die Sprünge! Dieser sorgt für eine Vererbung. Die Attribute einer Unterklasse werden vollständig an die Oberklasse weitergereicht. Im Sinne eines Generationen-Denkens bedeutet dies, dass unsere Oberklasse bestimmte Attribute an eine Unterklasse vererbt. Und diesen Prozess können wir in UML mit einem Vererbungspfeil, der sog. Assoziation, gut darstellen.

Wenn es um die richtige Wahl des Verfahrens geht, also darum, wie Sie Ihre Objekte klassifizieren wollen, so hilft Ihnen eine erste User-

Story weiter. Hier treffen zielorientierte Kundenwünsche auf entwicklungsorientierte Programmiervorgaben. Sie erkennen, was der Kunde will, wie und mit welchen Mitteln, von wo aus und mit was es abgerufen wird. Wenn Sie an diesem Standpunkt sind, dann kann nichts mehr schiefgehen.

7.2 EMPFEHLUNG

Meine Empfehlung ist: Gehen Sie nach dem Lesen dieses Buches erst einmal an die frische Luft und genießen Sie den restlichen Tag. Nehmen Sie die Arbeit an Ihren C-Fähigkeiten am Folgetag wieder auf und schauen Sie ins Glossar (Kapitel 8). Hier erkläre ich Ihnen noch einmal die wesentlichen Begriffe, die Sie in diesem Buch gelesen haben.

Ihr Unterbewusstsein und Ihr Langzeitgedächtnis werden sich dazu schalten und Sie werden staunen, wie viel noch hängen geblieben ist. Gehen Sie nun Ihr erstes C- Projekt an. Ganz egal, aus welchem Bereich Sie kommen, es wird Schnittstellen mit meinen Ausführungen geben. Docken Sie sich einfach an dieser Stelle wieder an meinen Text an. Ich nehme Sie an die Hand und wir programmieren gemeinsam. Bedenken Sie, man programmiert nie alleine. Ein kleiner Geist sitzt immer im Köpfchen und möchte Sie von der Arbeit abhalten.

7.3 HINWEIS

Vorsicht! Gehen Sie nicht davon aus, dass Sie nach diesem Kurs C beherrschen, selbst der erfahrenste Programmierer tätigt solch eine Aussage nicht. Wir lernen jeden Tag aufs Neue dazu und geben unser Wissen an unsere Kollegen und Kolleginnen weiter. Programmieren lebt vom Austausch.

Gehen Sie trotzdem mit breiter Brust aus diesem Ratgeber heraus! Haben Sie keine Scheu, mit Fachleuten zu diskutieren, und setzen Sie niemals Scheuklappen auf bei Möglichkeiten, sich noch tiefer weiterzubilden. Dies war ein Einstieg in eine Welt, die Ihnen womöglich Zugang zu ganz neuen Pforten eröffnet.

7.4 SCHLUSSWORT

An dieser Stelle möchte ich mich erst einmal bedanken, dass Sie das Buch gekauft und gelesen haben. Ich hoffe, dass Sie einen guten Einblick in die prozedurale Programmierung mit JavaScript und in die Spezialanwendungen erlangen konnten. Sie haben den Zweck der Programmiersprache und einige Methoden der Umsetzung kennengelernt.

Ich kann Ihnen nur ans Herz legen, Ihre mit diesem Buch erlernten Fähigkeiten in die Tat umzusetzen. Kombinieren Sie einfach die verschiedenen Programmierweisen mit den unzähligen Anwendungsmöglichkeiten und genießen Sie in Zukunft Ihr intelligentes System in vollen Zügen.

Nutzen Sie Ihr Wissen und maximieren Sie Ihre Smartheit und Ihren Technologiestandpunkt. Keine Angst vor einem Technologiesprung! Sie werden begeistert sein.

8. Glossar

Hier finden Sie eine alphabetische Auflistung, in der die Fachbegriffe aus dem Buch noch einmal einfach definiert werden.

Array: Ein Array oder auch Feld ist ein Datenvektor, in dem sich Zahlen befinden, die zuvor zugeordnet werden müssen. Ist ein Array nicht initialisiert, also wurden noch keine Daten hineingeschrieben, so befinden sich zumeist lauter Nullen im Feld, da der Chip, auf dem das Programm läuft, in jeder Speicherzelle den logischen Zustand ‚0´ aufweist, bevor er überschrieben wird.

Attribut: Ein Attribut beinhaltet genau eine Eigenschaft eines Objekts in einer objektorientierten Programmiersprache. Nehmen wir das Beispiel Auto, so hat das Auto die Eigenschaft Farbe, welche als Attribut zur Klasse Auto gehört; sollten Sie vorhaben, ein CMS für einen Automakler zu entwickeln.

Bool´sche Variable: Kennen Sie die Bool´sche Algebra? Die ist klasse! Aber wenn Sie sie kennen würden, würden Sie vermutlich nicht im Glossar nachschlagen. Unter einer Bool´schen Variablen versteht man den logischen Zustand 0 oder 1. Ist das Licht an oder aus? Ist die Tür auf oder zu? Eine Bool´sche Variable kann somit ‚true´ oder ‚false´ sein.

Browser: Sie haben das Glossar nicht wirklich für diesen Begriff aufgeschlagen?! Eine Definition bin ich Ihnen dennoch schuldig. Unter einem Browser, teilweise auch als Webbrowser bezeichnet, versteht man die Programme, die der Darstellung von Webseiten im World-Wide-Web dienen. Sie kennen womöglich die bekanntesten Browser. Schließlich lesen Sie ein Buch über stilvolles Programmieren. Ihnen sind somit Google Chrome, Mozilla Firefox, Safari, Internet Explorer uvm. geläufig.

Button: Ein Button ist eine grafische Benutzerschnittstelle, welche es einem Anwender ermöglicht, durch Knopfdruck Events in einer Software auszulösen. Auf dem Weg zu diesem Buch haben Sie sicherlich reichlich viele Buttons bedient, um die Seite der Schreibagentur zu suchen, Ihr passendes Buch auszuwählen und zu kaufen. Buttons oder Knöpfe sind sehr wichtige Instrumente, die Sie nicht unterschätzen dürfen. Gerade in Kundenprojekten wird sich äußerst erfreut, wenn der Kunde selbst Hand an das System legen kann, welches er in Auftrag gegeben hat.

C: Sie nutzen eine imperative und prozedurale Programmiersprache, welche in den 70er Jahren des letzten Jahrhunderts von einem gewissen Dennis Richie in den Bell Labs© entwickelt wurde? Dann ist es die berühmteste Programmiersprache der Welt: C.

C#: Das ist eine andere Hausnummer. Haben Sie sich schon einmal mit Anwendungsprogrammierung, zum Beispiel mit kleinen Roboter Engines, beschäftigt? C# (gesprochen: <<zee sharp>>) unterstützt Sie dabei. Die auf C++ basierte objektorientierte Programmiersprache ist zu vielem fähig, allerdings sollten Sie zum Webseiten-Design weiterhin auf HTML, CSS und JavaScript setzen.

C++: Man könnte alle Programmiersprachen hintereinander auflisten und nach der Abstraktion und Klassifizierbarkeit ordnen. Angefangen mit C und Python würde sich C++ direkt anschließen. C++ ist sozusagen die erste Instanz, von C aus betrachtet, einer objektorientierten Programmiersprache. Sie wurde 1979 entwickelt und ermöglicht sowohl maschinennahe als auch stark abstrahierte Programmierung auf höchstem Niveau.

Client-Server-Modell: Noch nie gehört? Dann ist jetzt Ihr erstes Mal! Das Client-Server-Modell (ich kürze es im Folgenden mit CSM ab) zeigt Möglichkeiten auf, wie Aufgaben und Dienstleistungen innerhalb eines Netzwerkes zu verteilen sind. Aufgaben werden hierbei gezielt von

Programmen erfüllt, welche in Clients und Server unterteilt sind. Ein Client kann bei Bedarf eine Dienstleitung beim Server beantragen.

Cloud: Eine Cloud oder ‚Datenwolke' speichert Ihre Daten auf einem externen Server. Sie können sich via App oder Browser mit der Cloud verbinden und Ihre Daten jederzeit von jedem Gerät der Welt abrufen. Mittlerweile nutzen sogar 5G-Funkzugangsnetztechnologien cloudbasierte Techniken, um möglichst viele Aufgaben und Dienstleistungen zu zentralisieren und zu sichern. Ein solcher Prozess nimmt jedoch viel Zeit in Anspruch.

CMS: Ein Content-Management-System setzt voraus, dass eine Interaktion zwischen einem Managementsystem und einem Anwender herrscht, der seinen Content im System verwalten will. Ein solches System kann eine einfache Datenbank sein, die Ihre Daten verwaltet. Es kann aber bis hin zu einer komplex visualisierten Webseite gehen, die den Anwender mit Daten unterhält. Solche Systeme sind meistens PHP-basiert. Was das ist, können Sie sich auch im Glossar anschauen!

Container: Angenommen, eine Information geht auf Reisen durch das große weite Internet. Stellt sich dann nicht die Frage, wie das Netz überhaupt weiß, wo das Paket hinmöchte und mit welcher Verschlüsselung dies geschieht? Ein Container ist letztendlich nichts anderes als ein Briefumschlag, der Ihren Inhalt auf dem gesamten Weg schützt, aber dennoch dafür sorgt, dass er an der richtigen Zieladresse ankommt. Diese steht ja bekanntlich drauf.

CSS: Cascading Style Sheets ist eine sog. Stylesheet-Sprache für elektronische Medien und wirkt zusammen mit HTML und JavaScript als eine Kernsprache des Internets. Sie ist für das Design einer Webseite verantwortlich.

Daily Scrum: Im Vorgehensmodell Scrum trifft man sich als Projektteam täglich 15 Minuten lang, um den aktuellen Projektstand und den

Fortschritt in seinen jeweiligen Tasks zu überprüfen.

Datenkapselung: Haben Sie bereits vom Geheimnisprinzip gehört? Klassen können unterschiedliche Zugriffsrechte aufweisen. Die Unterscheidung zwischen ‚public´ und ‚private´ wird als Datenkapselung bezeichnet. Daten können, wenn sie als nicht-öffentlich, also als privat, deklariert wurden, nur von einer abgekapselten Personengruppe mit speziellen Zugriffsrechten verwendet werden.

Default-Konstruktor: Als Default-Konstruktor wird ein Methoden-Aufruf einer Klasse in JavaScript bezeichnet, welcher eine neue Klasse erzeugt.

Definition of Done: Was soll man machen, wenn man nicht weiß, was das Etappenziel ist? Im Scrum wird bei einem Outcome, also dem Sprintziel, häufig von der Definition of Done (DoD) gesprochen. Dies betrifft aber nicht nur das Ziel eines Sprints oder Product Increments, sondern primär besitzt jedes Use-Case eine DoD, die der Kunde am Ende des Sprints abgesegnet haben möchte.

Embedded Systems: Eingebettete Systeme befinden sich in vielen Bereichen unseres Alltags. Sie sind für die meisten gar nicht sichtbar, übernehmen jedoch viele Aufgaben mit zentraler Bedeutung. Heute hat die Waschmaschine, aber auch die Spülmaschine einen Controller bzw. Prozessor, der die Steuerung der sich im Gerät befindenden Module übernimmt. Unter Embedded Systems versteht man also kleine Computersysteme, welche meist sehr versteckt wichtige Aufgabenbereich abdecken.

Entity Relationship Model: Das ERM beschreibt die Beziehungen zwischen diversen Datenbanktabellen; in unserem Kontext sind es die Klassen, die durch Entitäten (Mengen und Identitäten) miteinander verknüpft sind.

Events: Ein Event oder Ereignis wird durch eine Interaktion mit dem Benutzer ausgelöst. Bei jQuery Mobile haben wir gelernt, wie eine solche Interaktion aussehen kann. Diese kann durch eine Touchfeldeingabe, durch Scrollen oder z. B. durch das bloße Drehen des Endgeräts ausgelöst werden. Das Event verursacht in diesem Fall weiter eine Reaktion des Programms, welches dann z. B. seine Anzeige anpasst (vergrößert/verkleinert).

Google Fonts: Ja, was sind eigentlich Fonts? Haben Sie sich schon einmal Gedanken über das Design von Buchstaben gemacht? Google bietet in seiner Webbrowser-Oberfläche verschiedene Arten des Schriftdesigns. Sie können allein über 1000 Schriftarten auswählen.

Hexcode: In der Digitaltechnik gibt es verschiedene Arten, Zahlen darzustellen. Eine Möglichkeit besteht in der Darstellung zur Basis 16, dem Hexadezimalsystem. Ein Hexcode beginnt immer mit ‚0X′ und dann kommt entsprechend eine Kombination aus Zahlen zwischen 0 und F. F? Ja, im Hexcode wird nach der 9 mit den Buchstaben A bis F weitergezählt. Zwei Einträge ergeben zusammen ein sog. Byte, also 8 Bit. Bits liegt das Dualsystem zugrunde. Hier wird nur logisch zwischen 1 und 0 unterschieden.

HTML: Dies ist die Abkürzung für Hypertext Markup Language und eine textbasierte Auszeichnungssprache, welche elektronische Medien, wie z. B. Dokumente oder Texte, durch Hyperlinks, Bilder und andere Inhalte strukturiert. Es entsteht durch die Vermengung von verschiedenen Medien ein sog. Multimediasystem. HTML bietet die Struktur, CSS das Design und JavaScript die Funktionalitäten.

Hybride App: Eine hybride App ist die Fusion einer Web App mit einer Nativen App.

Icon: Sie wollen Ihr Dokument noch schöner designen? Dann setzen Sie auf Ihren programmierten Button doch einfach ein Icon, welches z.

B. ein kleines Symbol wie ein Haus bei einem Home-Button sein kann.

Impediment Backlog: Im Scrum wird am Ende eines jeden Sprints eine Sprint Retrospektive erstellt, worauf Sie eine Antwort geben können. Diese Antwort, welche die wesentlichen Verbesserungsvorschläge für den folgenden Sprint enthält, ist der Impediment Backlog.

Javacode: Sie programmieren mit JavaScript? Dann setzen Sie Javacode auf.

JavaScript: Sie haben in diesem Buch eine Skriptsprache kennengelernt, die ursprünglich für dynamisches HTML in Webbrowsern entwickelt wurde. Mit JavaScript können Sie Benutzerinteraktionen auswerten, Inhalte verändern, nachladen und generieren.

jQuery: jQuery ist eine JavaScript-Bibliothek, welche es ermöglicht, wesentlich einfacher mit JavaScript zu verfahren. jQuery wird auf rund 70 % der 10.000 meistbesuchten Webseiten der Welt genutzt und bei verschiedenen CMS mitgeliefert.

jQuery Mobile: jQuery Mobile ist die mobile Anwendung der jQuery-Bibliothek. Es ist quasi schon ein App-Designer, welcher wesentlich mehr auf grafische Elemente aufbaut als jQuery selbst.

jSelect: Dies ist die Klasse des Default-Konstruktors in JavaScript. Sie bietet genau zwei Auswahlmöglichkeiten: write und read. Entweder wird eine neue Klasse erstellt oder es wird eine vererbte Struktur ausgelesen.

Kasten: Dem Kastendesign in CSS liegt das sog. Box-Modell zugrunde. In der Webentwicklung bezieht sich das CSS-Box-Modell darauf, wie HTML-Elemente aus CSS-Eigenschaften abgeleitet werden. Das CSS-Box-Modell ist ein grundlegendes Konzept für die Erstellung von HTML-Webseiten.

Klasse: Sie wissen nach diesem informativen Buch immer noch nicht, was eine Klasse ist? Ich erkläre es natürlich noch einmal. Eine Klasse fasst in der objektorientierten Programmierung alle Attribute und Methoden eines Objektes zusammen.

Klassenoperation: Neben der Vererbung haben wir das Entity Relationship Model kennengelernt. Alle Operationen, die sich aus diesen beiden Bereichen ergeben, werden als Klassenoperationen bezeichnet.

Klassifizierung: Stellen Sie sich vor, Sie fahren mit einem autonom fahrenden Auto. Meinen Sie, es weiß einfach so, dass da vorne rechts auf dem Bürgersteig ein Kind ist? Weil einer das so programmiert hat? Nicht ganz! Die Daten, die das Auto aus seiner Umwelt bekommt, werden über Sensoren zu einer zentralen Steuereinheit geschickt. Hier findet die Klassifizierung statt. In der vernetzten Automatisierung gibt es hierfür eine ganze Reihe an Operationen, die so etwas ermöglichen. Data Mining heißt der ganze Spaß. Ein sog. Bayes-Classifier (mathematisches Modell) kann dazu genutzt werden, eine Prognose aufzustellen (ähnlich wie der Wettermann im Fernsehen), mit welcher Wahrscheinlichkeit es sich um ein Kind handelt. Klassifizierung ist ein spannendes Thema oder höchstkomplex. Auf Sensorebene kommen hier z. B. Kalman-Filter zum Einsatz. Dies sind Schätzfilter, die bereits auf Basis der Rohdaten eine Schätzung angeben können. Ist eine Klassifizierung erst einmal bestätigt, so kann die vorhandene Klasse um weitere Attribute und Methoden ergänzt werden (Deep Learning), es können allerdings auch Prognosen auf Basis vorhandener Attribute und Methoden mit in die Situationsanalyse miteinfließen.

Konstruktoroperation: Mit der Klasse jSelect kann eine Konstruktoroperation durchgeführt werden. Die Festlegung einer solchen Operation ist bereits im Klassenmodell entscheidend, da hier wesentliche Vererbungsstrukturen und Entitäten bedingt werden können.

Markup: Das HTML-Design und die damit inbegriffenen Möglichkeiten, Texte, Bilder, Formulare und Tabellen an bestimmte Stellen zu setzen und zu bearbeiten, wird als Markup bezeichnet.

Meilenstein: Das agile Projektmanagement lebt von Symbolen. Ein solches ist der sog. Meilenstein. Er bezeichnet einen spezifischen Entwicklungsschritt. Zumeist handelt es sich hierbei um eine Abnahme, mit der zugleich ein Projekttreffen verbunden ist. Es kann aber auch einfach ein Merker sein, um zu einem bestimmten Zeitpunkt auf einem Stand zu sein.

Methode: In diesem Buch haben wir Klassen kennengelernt. Klassen besitzen Attribute und Methoden. Letztere bestimmen die Funktionalitäten der Klasse.

Monospaced Fonts: Hierbei handelt es sich um sog. Schriften gleicher Dickte. Nein, das ist kein Rechtschreibfehler. Die Dickte ist die Buchstabenbreite. Sie kennen unterschiedliche Buchstaben. Das ‚W' ist beispielsweise recht breit. Wählen Sie allerdings monospaced fonts aus, so wird es genauso breit dargestellt bzw. erhält denselben Platzhalter wie ein ‚i'.

Native App: Die Native App ist eine Applikation, die Sie im PlayStore oder AppleStore downloaden können. Sie muss etxra heruntergladen werden.

Objekt: Ein Objekt ist eine in der Programmierung auftretende Identität mit Entitäten, Attributen und Methoden.

Objektoperation: Vergleiche Klassenoperation!

Padding: Der Begriff kommt ursprünglich aus der Nachrichtentechnik und beschreibt das Auffüllen mit Nullen, bis eine Information sinnvoll erscheint.

PHP: Dies ist ein rekursives Akronym für Hypertext Preprocessor. Es handelt sich um eine Computersprache, mit der Webserver gesteuert werden.

Pop-up: In jQuery kann ein Event ein Pop-up auslösen. Ein Pop-up ist ein Fenster, das erscheint und über der aktuellen Seite angezeigt wird. Häufig werden Pop-ups benutzt, um kurze Texte mit Hinweisen oder Fotos anzuzeigen.

Product Backlog Refinement: Meeting, bei dem das Product Backlog im Vorgehensmodell Scrum erstellt und bearbeitet wird.

Product Increment: Es beschreibt den aktuellen Stand des Produkts.

Product Owner: Scrum-Teamrolle, welche sich um die Betreuung des Kunden kümmert und verantwortlich für den Erfolg des Produkts ist.

Prozedurale Programmierung: Rational mathematische Programmierung ohne Objektbezug.

Pseudo-Elemente: Sie fügen bestehenden Elementen Elemente hinzu, die nicht sichtbar sind.

Pseudo-Klassen: Beinhalten die Methoden für Pseudo-Elemente.

RGB-Wert: Gibt eine Farbmischung aus rot, grün und blau an, aus der jede beliebige Farbe extrahiert werden kann.

Scrum: Vorgehensmodell des agilen Projektmanagements aus der Produktentwicklung.

Scrum Master: Für den Scrum-Prozess zuständige Teamrolle.

Sprint Backlog: Im Scrum stellt der Sprint Backlog die Anforderungen an die Tasks im Sprint und das Outcome dar.

Sprint Planning: Meeting, in dem der Sprint Backlog erstellt bzw. bearbeitet wird.

Sprint Review: Meeting, in dem die Sprint-Retrospektive untersucht wird.

Sprint-Retrospektive: Meinungsbild am Ende eines Sprints. Verbesserungen werden hierbei im Impediment Backlog festgehalten.

Stylesheet: Ein CSS-Stylesheet wertet eine HTML-Seite stark auf. Es handelt sich hierbei um einen Aufruf des CSS-Dokuments in HTML oder JavaScript.

Taskboard: In Scrum wird aufgrund des Daily Scrums ein Kanban-Board verlangt, an dem täglich der aktuelle Stand jedes Projektmitarbeiters abgelesen werden kann.

Typografie: Sie beschreibt die Gestaltung von Druckerzeugnissen.

UML: Unified Modeling Language ist die für die objektorientierte Programmierung zugrundeliegende Modellierungssprache.

Usability: Die Nutzbar- oder Verwendbarkeit eines IT-Systems gibt die Möglichkeiten der Umsetzbarkeit und Vermarktung in Form einer Bewertung an.

Use-Case-Analyse: Die Use-Case-Analyse ist der erste Schritt in Richtung Klassenmodell. Sie unterhalten sich mit Ihrem Kunden über die Wünsche, die er für das System, das Sie entwickeln sollen, mitbringt. Es kommen Anwendungsfälle auf, die in Form eines Use-Case-Modells anschließend modelliert werden können.

Variable: Speicherplatzhalter zum Rechnen in einem Programm.

Vererbung: Eine Klasse vererbt einer anderen Klasse, wenn jene auf die Attribute und Methoden der Klasse zugreifen kann.

V-Modell: Weiterentwickeltes Wasserfallmodell. Ein Vorgehensmodell, welches vor allem im Automobilsektor genutzt wird.

Wasserfallmodell: Standard-Vorgehensmodell.

Web App: Eine Web App lässt sich nicht über eine zusätzlich zu installierende Software bedienen, sondern kann über einen Webbrowser aufgerufen werden.

Widget: jQuery Mobile stellt eine Vielzahl von Events oder Nutzerinteraktionen zur Verfügung. Widgets sind Buttons, Icons, Pop-ups, List Views und Tables.

Literaturverzeichnis

[1] Seite: ionos.de. URL: https://www.ionos.de/digitalguide/websites/web-entwicklung/wasserfallmodell/, (Abgerufen am 08.12.2020).

[2] Seite: V-Modell. URL: https://t2informatik.de/wissen-kompakt/v-modell/, (Abgerufen am 07.12.2020).

[3] Seite: Scrum. URL: https://de.wikipedia.org/wiki/Scrum, (Abgerufen am 08.12.2020).

[4] Seite: Scrum-Prozess. URL: https://erfolgreich-projekte-leiten.de/scrum-prozess/, (Abgerufen am 09.12.2020).

[5] Seite: 8 Tipps im effektiven Einsatz von Scrum. URL: https://t3n.de/news/8-tipps-effektiven-einsatz-scrum-1149593/, (Abgerufen am 10.12.2020).

[6] Seite: Scriptsprachen vorgestellt. URL: https://www.kennstduceinen.de/magazin/html-css-javascript-php-scriptsprachen-vorgestellt/, (Abgerufen am 08.12.2020).

[7] Seite: Kommentare im JavaScript. URL: https://www.javascript-kurs.de/javascript-kommentare.htm, (Abgerufen am 10.12.2020).

[8] Seite: JavaScript Ratgeber. URL: https://www.a-coding-project.de/ratgeber/javascript, (Abgerufen: 12.12.2020).

[9] Seite: Einführung in JavaScript. URL: https://www.pcwelt.de/ratgeber/Einfuehrung-in-JavaScript-Programmierkurs-9960913.html, (Abgerufen am 14.12.2020).

[10] Seite: JavaScript Debugger. URL: https://developer.mozilla.org/de/docs/Tools/Debugger, (Abgerufen am 13.12.2020).

[11] Seite: Internetnutzung überholt Desktop. URL: https://www.macerkopf.de/2016/11/03/internetnutzung-mobile-ueberholt-desktop/, (Abgerufen am 08.12.2020).

[12] Seite: App-Entwicklung. URL: http://mfg.fhstp.ac.at/development/app-entwicklung/, (Abgerufen am 09.12.2020).

[13] Seite: Was ist eine Web App. URL: https://www.dev-insider.de/was-ist-eine-web-app-a-596814/, (Abgerufen am 08.12.2020).

[14] Quelle: Doyle, Matt: Master Mobile Web Apps with jQuery Mobile (Second Edition), Brighton: Elated Communications Ltd, December 2011.

[15] Seite: jQuery Mobile Browser Support. URL: https://jquerymobile.com/browser-support/, (Abgerufen am 09.12.2020).

[16] Seite: jQuery Mobile. URL: http://demos.jquerymobile.com/1.4.5/pages/, (Abgerufen am 10.12.2020).

[17] Seite: jQuery Mobile mehrere Einzelseiten. URL: https://www.php-kurs.com/jquery-mobile-mehrere-einzelseiten.htm, (Abgerufen am 09.12.2020).

[18] Seite: jQuery Mobile Buttons. URL: http://www-db.deis.unibo.it/courses/TW/DOCS/w3schools/jquerymobile/jquery-mobile_buttons.asp.html, (Abgerufen am 11.12.2020).

[19] Seite: jQuery Mobile Button Selector. URL: http://www-db.deis.unibo.it/courses/TW/DOCS/w3schools/jquerymobile/:button Selector, (Abgerufen am 09.12.2020).

[20] Seite: Documentation jQuery Mobile Icons. URL: jQuery API Documentationjquerymobile_icons.asp.html, (Abgerufen 11.12.2020).

[21] Seite: jQuery Mobile Popups. URL: http://www-db.deis.unibo.it/courses/TW/DOCS/w3schools/jquerymobile/jquery-mobile_popups.asp.html, (Abgerufen am 11.12.2020).

[22] Google Search: Icons - jQuery Mobile Demos.

[23] Seite: Hybrid Apps - Definition, Eigenschaften, EInsatzorte und Beispiele. URL: https://www.flyacts.com/hybrid-apps-definition-eigenschaften-einsatzorte-vorteile-und-beispiele, (Abgerufen am 08.12.2020).

[24] Seite: jQuery Mobile Form Basic. URL: http://www-db.deis.unibo.it/courses/TW/DOCS/w3schools/jquerymobile/jquery-mobile_form_basic.asp.html, (Abgerufen am 09.12.2020).

[25] Google Search: How to use jQuery to Generate Modal Pop-Up when Clicked | Pair Knowledge Base

[26] Seite: jQuery Events. URL: https://www.w3schools.com/jquery/jquery_events.asp, (Abgerufen am 10.12.2020).

[27] Seite: jQuery Mobile Events Intro. URL: http://www-db.deis.unibo.it/courses/TW/DOCS/w3schools/jquerymobile/jquery-mobile_events_intro.asp.html, (Abgerufen am 11.12.2020).

[28] Seite: jQuery Mobile Events Touch. URL: http://www-db.deis.unibo.it/courses/TW/DOCS/w3schools/jquerymobile/jquery-mobile_events_touch.asp.html, (Abgerufen am 10.12.2020).

[29] Google Search: Listview - jQuery Mobile Demos.

[30] Seite: jQuery Mobile Events Scroll. URL: http://www-db.deis.unibo.it/courses/TW/DOCS/w3schools/jquerymobile/jquery-mobile_events_scroll.asp.html, (Abgerufen am 09.12.2020).

[31] Seite: jQuery Mobile Events Orientation. URL: http://www-db.deis.unibo.it/courses/TW/DOCS/w3schools/jquerymobile/jquery-mobile_events_orientation.asp.html, (Abgerufen am 14.12.2020).

[32] Google Search: jQuery-Tutorial für Anfänger, Seite/URL: (javascript-kurs.de), (Abgerufen 18.12.2020).

Abbildungsverzeichnis

Wir danken Ihnen für Ihr Interesse und Ihr Vertrauen. Als Dankeschön dafür, haben wir eine besondere Überraschung. Wir haben exklusiv für Sie **eine Fehler-Checkliste für Programmierer,** damit Sie wissen, worauf Sie achten müssen. **Mit dabei sind zehn Übungen, welche Ihnen zu mehr Konzentration verhelfen.** Das Beste daran: Sie erhalten dies vollkommen kostenlos. Das klingt wunderbar? Dann warten Sie nicht lange und holen Sie sich Ihr Gratis-Geschenk.

Hier geht es zu Ihrem Gratis-Geschenk:

https://forms.gle/KJU4Z9Yb6KLNg7hu5

1. **Öffnen Sie die Kamera-App auf Ihrem Smartphone und richten Sie die Kamera auf den QR-Code.**
2. **Klicken Sie auf den Link, der Ihnen angezeigt wird und schon werden Sie zur Website weitergeleitet.**

Impressum

Verlag: Orbita Media Verlag GmbH & Co. KG / Ericusspitze 4 / 20457 Hamburg / Deutschland
Website: https://orbita-media.de
Kontakt: kontakt@orbita-media.de
Cover Image: Shutterstock
ISBN: 9783989356597

Haftungsausschluss:
Die Nutzung dieses Buches und die Umsetzung der enthaltenen Informationen, Anleitungen und Strategien erfolgt auf eigenes Risiko. Der Autor kann für etwaige Schäden jeglicher Art aus keinem Rechtsgrund eine Haftung übernehmen. Haftungsansprüche gegen den Autor für Schäden materieller oder ideeller Art, die durch die Nutzung oder Nichtnutzung der Informationen bzw. durch die Nutzung fehlerhafter und/oder unvollständiger Informationen verursacht wurden, sind grundsätzlich ausgeschlossen. Rechts- und Schadenersatzansprüche sind daher ausgeschlossen. Dieses Werk wurde sorgfältig erarbeitet und niedergeschrieben. Der Autor übernimmt jedoch keinerlei Gewähr für die Aktualität, Vollständigkeit und Qualität der Informationen. Druckfehler und Falschinformationen können nicht vollständig ausgeschlossen werden. Es kann keine juristische Verantwortung sowie Haftung in irgendeiner Form für fehlerhafte Angaben vom Autor übernommen werden.

Die bereitgestellten Analysen, Vorschläge, Ideen, Meinungen, Kommentare und Texte sind ausschließlich zur Information bestimmt und können ein individuelles Beratungsgespräch nicht ersetzen. Alle Informationen dieses Buches entsprechen dem Kenntnisstand zum Zeitpunkt des Verfassens dieses Buches. Eine Haftung für mittelbare und unmittelbare Folgen aus den Informationen dieses Buches ist somit ausgeschlossen. Informieren Sie sich weitläufig aus unterschiedlichen Quellen und bedenken Sie, dass am Ende nur Sie für die Entscheidungen verantwortlich sind.

Haftung für externe Links
Unser Angebot enthält Links zu externen Websites Dritter, auf deren Inhalte wir keinen Einfluss haben. Deshalb können wir für diese fremden Inhalte auch keine Gewähr übernehmen. Für die Inhalte der verlinkten Seiten ist stets der jeweilige Anbieter oder Betreiber der Seiten verantwortlich. Die verlinkten Seiten wurden zum Zeitpunkt der Verlinkung auf mögliche Rechtsverstöße überprüft. Rechtswidrige Inhalte waren zum Zeitpunkt der Verlinkung nicht erkennbar.

www.ingramcontent.com/pod-product-compliance
Lightning Source LLC
La Vergne TN
LVHW050843051026
849532LV00006BA/2091